JN249568

名桜大学やんばるブックレット 2

やんばるとスポーツ

奥本正・大峰光博　編

大峰	光博	小賦	肇
平野	貴也	山本	健司
石橋	千征	遠矢	英憲
田原	亮二	高瀬	幸一

公立大学法人
名桜大学
MEIO UNIVERSITY

やんばるとスポーツ　●　もくじ

第1章　やんばるスポーツの歴史

第2章　やんばるスポーツの現在とこれから

第 1 章
やんばるスポーツの歴史

戦後の沖縄スポーツ

大峰 光博 *Mitsuharu Omine*

　沖縄におけるスポーツは，陸上競技・野球など明治時代から行なわれているものから，サッカー・ハンドボール・ボクシングのように，終戦後，行われるようになったものもあります（磯部，1970，p.117）。先の大戦により，沖縄の体育・スポーツ界は壊滅的打撃を受けました（磯部，1970，p.118）。優秀な指導者を失っただけでなく，スポーツ施設と用具は戦火に焼かれ，沖縄の体育・スポーツ界は無から立ち上がらなければなりませんでした。運動用具が揃わない中，競技の中心は徒競走やリレーなどの陸上競技や各種体操でした（近藤，2013，p.72）。

　戦後間もない時期は娯楽となるものが少なく，運動会が地域のレクリエーション行事として機能しました（近藤，2013，p.72）。地域住民の飛び入り参加や，時には，米軍関係者が参加することもありました。戦後は，米軍関係者と沖縄住民との間で様々な交流が進められましたが，学校の運動会も交流の場の1つとして存在しました。米軍の使い古した用具を譲り受ける学校がありましたが，児童・生徒数に見合うだけの数を望めませんでした（近藤，2013，p.74）。測定用の巻尺は全島に2〜3個しかなく，コース用の石灰もなかったため，米軍から浄水用のカルキを調達したり，採石の石粉を使用したこともありました（磯部，1970，p.118）。1949（昭和24）年の第1回米琉親善陸上競技大会では，スタート用の紙弾がなかったため，米軍のピストルで実弾を空に向けて撃ち，出発合図としました。市町村の競技会では，鍋，ヤカン，洗面器，鎌，毛布，洋服地などの生活用品が主催者によって集められ，賞品とされました。優勝旗もなかったため，テント布に画家や美術教師

がペンキで書いて作られました。終戦直後はスポーツ用品だけでなく、スポーツ図書や新聞も本土から輸入できない状況でした。1949（昭和24）年から物資を輸入できるようになり、はじめて捧高用ポール、円盤、槍、庭球用具、卓球用具、柔道衣を入手出来るようになりました。

　終戦直後の沖縄は、本土と切り離されていた中、スポーツは比較的早くに交流が実現しました（磯部，1970，p.119）。福島県を中心に行なわれた第7回国民体育大会（昭和27年）では、陸上競技の12名の選手が参加しました。それ以後、毎年国体に出場することになり、参加種目も人員も増加しました。

　沖縄における戦後のスポーツ界の歩みは、祖国復帰が実現するまでの琉球政府時代と復帰以後では、大きな違いを見せていることも指摘されています（真栄城勉，1995，p.103）。指導者やスポーツ施設の増加だけでなく、実施主体者も競技者中心の文化から、少年や高齢者を含んだ大衆参加型文化へと変化し、また、男性中心文化から女性参加型文化へと様相を変えました。

　本章では、戦後に限定して、やんばるスポーツの歴史をご紹介したいと思います。やんばるにおいては、様々なスポーツが取り組まれてきましたが、まず、「する・みる・ささえる」の観点から、やんばるに根付いてきた陸上競技に着目します。次に、やんばるの自然豊かな環境を生かして展開されてきたサーフィン、ウインドサーフィン、さらには、帆かけサバニの歴史についてご紹介します。さらには、1970年代に高校バスケットボール界に大きなインパクトを与えた、「辺士名旋風」についてご紹介します。なお、空手については、戦前からやんばるにおいて取り組まれてきましたが、少なくない専門書が発行されているため、紙幅の関係上、割愛させていただきました。

　次章では、やんばるスポーツの現在と今後について、ご紹介します．まず、やんばるにおけるマリンスポーツの現在から始まり、続いて、やんばるの海洋教育に着目します。次に、やんばる地域の子どもたちの運動能力の実態を中心に、やんばるでの体育教育についてご紹介します。さらには、やんばるとゴルフの関係性についても見ていきます。最後に、やんばる地域における名桜大学の健康長寿サポートの取り組みについてご紹介し、本書を締めくく

ります。

　本書は，どのテーマから読み進めていただいても，理解可能な構成になっています。各節のテーマごとに内容は完結しているため，興味のあるテーマのみを一読いただくといった形でも本書は活用が可能です。

　やんばるにおけるスポーツに関する研究は，これまで活発に取り組まれてきたとは言い難い状況にあります。本書がさらなる研究の積み重ねにわずかながらでも寄与することが出来れば，編者・執筆者として欣快の至りです。

文献

磯部浩（1970）沖縄の体育とスポーツ．茨城大学教養部紀要，2：103-125.

近藤剛（2013）『うるま新報』にみる戦後沖縄の体育・スポーツ関連記事について．大熊廣明監修 真田久・新井博・榊原浩晃・李燦雨編『体育・スポーツ史にみる戦前と戦後』．道和書院，pp.68-84.

真栄城勉（1995）大正期から昭和初期における沖縄県の社会体育史．琉球大学教育学部紀要 第一部・第二部，47：103-116.

やんばるにおける陸上競技の歴史

大峰光博 *Mitsuharu Omine*　　**小賦肇** *Hajime Obu*

1　やんばるで開催された陸上競技大会

　本項では，やんばるで開催された陸上競技大会の歴史について，お示しします。

1948（昭和23）年　第1回全島陸上競技大会

　1948（昭和23）年11月，第1回全島陸上競技大会が，名護高校グラウンドで開催されました（沖縄陸上競技協会50周年記念誌編集委員会編，2001，p.59）。

1949（昭和24）年　第1回琉米陸上競技大会

　1949（昭和24）年11月，第1回琉球親善陸上競技大会が名護高校グラウンドで開催されました（沖縄県体育協会史編集委員会編，1995，p.234）。主催は沖縄体育協会と沖縄毎日新聞社であり，北部地区町村会の後援で行われました。人々は朝の暗いうちから名護に集まり，特設スタンドは満員となり，観衆は場外に溢れました。

　※（沖縄陸上競技協会50周年記念誌では，「米沖親善陸上競技大会」と呼称されている。）

1950（昭和25）年　第1回沖縄縦断駅伝競走

　1950（昭和25）年12月，第1回沖縄縦断駅伝競走が開催されました（沖縄陸上競技協会50周年記念誌編集委員会編，2001，p.60）。名護高校か

ら那覇高校グラウンドまで，9区間にわたって行われました。

1953（昭和28）年　第1回全島高校陸上競技大会

　1953（昭和28）年11月，第1回全島高校陸上競技大会が名護町営陸上競技場で開催されました（沖縄陸上競技協会50周年記念誌編集委員会編，2001，p.62）。学校対抗戦としては，男女共に北山高校が優勝しました。

　※1959（昭和34）年11月，名護町営陸上競技場が，日本陸上競技連盟から二種公認競技場に沖縄初の認可を受けました（沖縄陸上競技協会50周年記念誌編集委員会編，2001，p.65）。

1959（昭和34）年　第1回全沖縄中学校地区対抗陸上競技大会

　1959年11月，第1回全沖縄中学校地区対抗陸上競技大会が名護町営陸上競技場で開催されました（沖縄陸上競技協会50周年記念誌編集委員会編，2001，p.66）。沖縄では初の中学校陸上全島大会であり，沖縄本島，久米島から10地区が参加しました。名護地区が総合優勝を果たしました。

1960（昭和35）年　第8回九州各県対抗陸上競技大会

　1960（昭和35）年11月に，第8回九州各県対抗陸上競技大会が沖縄で初めて開催され，名護町営陸上競技場が使用されました（沖縄陸上競技協会50周年記念誌編集委員会編，2001，p.66）。会場には3万人の人々が集まり，スタンドだけでなく，北側の丘もすべて埋め尽くしました（名護市史編さん委員会編，1990，p.106）。

1980（昭和55）年　名護市制10周年記念第28回九州各県対抗陸上競技大会

　1980（昭和55）年9月に，名護市制10周年記念第28回九州各県対抗陸上競技大会が名護市営陸上競技場で開催されました（沖縄陸上競技協会50周年記念誌編集委員会編，2001，p.74）。

（２点とも）琉球政府撮影写真／第８回九州各県対抗陸上競技大会
【撮影日】1960 年 11 月 6 日　琉球政府関係写真資料

筆者撮影写真／現在の名護市営陸上競技場【撮影日】2015 年 10 月 25 日

2 やんばるの伝統ある陸上競技イベント

本項では，現在も開催されている，伝統ある陸上競技イベントについてご紹介します。

① NAGO ハーフマラソン

第 1 回大会は，1960（昭和 35）年 1 月に「名護 20 キロマラソン」として，市町村合併前の旧名護町で始まりました（琉球新報，2009）。沖縄では初の日本陸連公認コースによる大会であり，沖縄県立北部農林高等学校の真栄田薫が高校の部において，1 時間 17 分 21 秒のタイムで優勝しました（沖縄陸上競技協会 50 周年記念誌編集委員会編，2001，p.66）。1981（昭和 56）年に名護 20 キロロードレース，2000 年からハーフマラソン大会へと移り変わりました。1979（昭和 54）年の第 20 回大会においては，宗茂，猛兄弟が招待されて，記念大会が行われました。当初は名護十字路を発着点に，喜瀬・部瀬名方面で折り返すコースを用いていましたが，1964（昭和 39）年の第 5 回大会では，屋部方面へ変更されることもありました。

2016（平成 28）年 1 月 24 日に第 57 回大会が，名護市陸上競技場をス

タート・ゴールに行われました（沖縄タイムス，2016）。ハーフ，10キロ，3キロのレースに3463人がエントリーし，2602人が完走しました。

②久志駅伝大会・久志20kmロードレース大会

　1964（昭和39）年の東京オリンピックの聖火宿泊を記念して生まれた大会です。2016（平成28）年9月4日には，久志駅伝大会は52回目を，久志20kmロードレース大会は50回目を迎えました（琉球新報，2016b）。名護市の東海岸沿いの久志から嘉陽までのコースで開催されました。

　1964（昭和39）年に東京でのオリンピック開催が決まった直後から，沖縄側は聖火リレーを沖縄でも実施するよう，オリンピック東京大会組織委員会をはじめとする関係機関に強く働きかけてきました（豊見山，2007，p.28）。その当時，沖縄は米国施政権下にあり，日本の「潜在主権」が認められるに過ぎない領域でした。しかし，沖縄体育協会が1953（昭和28）年に日本体

琉球政府撮影写真／オリンピック東京大会聖火リレー　名護
【撮影日】1964年9月9日【アルバム】琉球政府関係写真資料　034

育協会の支部として承認を受けていたことが大きな根拠となり，1962（昭和37）年7月4日，聖火リレー特別委員会は，国内聖火リレーは全都道府県をカバーし，日本の最初の着陸地は沖縄とすることを決定しました。

　1964（昭和39）年9月7日正午，聖火を乗せた飛行機「シティ・オブ・トウキョウ」号が，台北から那覇空港に到着しました（オリンピック東京大会組織委員会，1966，p.252）。翌日の8日，聖火は那覇から南部を回って現名護市の嘉陽まで北上し，盛大な式典のあと，そこで一泊しました（豊見山，2007，p.31）。このような歴史的背景を記念し，久志駅伝大会・久志20kmロードレース大会は生まれました。

琉球政府撮影写真／オリンピック東京大会聖火リレー
久志　嘉陽　聖火宿泊碑前での式典
【撮影日】1964年9月8日　【アルバム】琉球政府関係写真資料　033

③やんばる駅伝
　やんばる駅伝大会は，「国頭郡えきでん競争大会」として，沖縄一周市

郡対抗駅伝のチームメートとなる 11 町村の関係者が集い，スタートしました（琉球新報，2015）。北部の離島振興及び地域の活性化と，国頭郡のスポーツ振興発展に寄与することを目的に，伊平屋村の「友愛と健康の広場」の完成を記念して，1991（平成 3）年に第 1 回大会が行われました（沖縄県体育協会史編集委員会編，1995，p.418）。第 2 回が伊江村，第 3 回が伊是名村と離島 3 村での持ち回りで開催されました。第 6 回大会では，名護市から「北，南，久志」の 3 支部体育協会が参加し，「やんばる駅伝」に名称変更されました（琉球新報，2015）。第 10 回大会は鹿児島県の与論町で開催され，それを機に与論町も仲間入りしました。第 17 回大会からは沖永良部島の知名町も正式メンバーに加わりました。持ち回りで離島開催を行う大会であることに特色があります。

　2016（平成 28）年 5 月 28 日には，第 26 回やんばる駅伝競走与論島大会が与論町の総合グラウンドを発着点に，1 周 10.4 キロの県道を 4 周する 9 区間 44.2 キロで行われました（琉球新報，2016a）。

3　やんばる出身の名選手

　本項では，やんばる出身の陸上競技の名選手について，ご紹介します。

①運天政成（今帰仁村出身）

　戦後初めて，オブザーバーとして参加した第 7 回国民体育大会（昭和 27 年）において，走高跳 19 歳未満で 1 m80 を跳躍し，3 位に入賞しました（沖縄陸上競技協会 50 周年記念誌編集委員会編，2001，p.61）。

②具志堅興清（今帰仁村出身）

　ミュンヘンオリンピックの日本代表選手として，三段跳に出場しました（玉城，1989，p.40）。1966（昭和 41）年にバンコクで行われたアジア大会では，15m61 を跳んで金メダルを獲得しました（喜友名，2010，p.47）。日本選手権で 9 年連続入賞し，優勝 3 回，2 位 4 回，3 位 1 回という戦績を残しま

した。また，全日本実業団では，3度の優勝を果たしました。

③金城幸明（国頭村出身）

　1958（昭和33）年の関東学生陸上大会の走高跳で2位にはいりました（玉城，1989，p.16）。1961（昭和36）年の第16回秋田国体では，教員の部で1m85の大会タイ記録を跳躍し，優勝しました。

④時志為男（本部町出身）

　5000m，10000m，10マイル，20キロ，30キロ，35キロ，フルマラソンの7種目の沖縄最高記録を樹立しました（玉城，1989，p.52）。1960（昭和35）年の第14回朝日国際マラソンでは，2時間26分01秒で6位入賞を果たしました。

⑤大村美香（本部町出身）

　1987（昭和62）年の北海道インターハイ大会の走高跳で，1m73を跳んで優勝しました（喜友名，2010，p.60）。7種競技にも挑戦し，関東インカレで4907点の県記録も樹立しました。

⑥平良真平（大宜味村出身）

　1983（昭和58）年にブラジルで開催されたマスターズ世界大会において，100メートルを12秒6の記録で優勝を果たしました（玉城，1989，p.29）。200mは26秒1で2位にはいりました。

⑦豊里宜康（名護市出身）

　1958（昭33）年に開催された第13回国民体育大会において，高校男子走高跳で1m85を跳んで3位にはいりました（沖縄陸上競技協会50周年記念誌編集委員会編，2001，p.65）。

⑧花城伸治（名護市出身）

　1999（平成11）年のインターハイにおいて，走高跳で2m12を跳んで優勝しました（喜友名，2010，p.74）。県民体育大会では，2000（平成12）年から2006（平成18）年にかけて，7連覇を達成しました。

⑨新城光（名護市出身）

　4×100mリレーで9度の県記録を更新しました（喜友名，2010，pp.70-71）。2007（平成19年）の西日本インカレでは，40秒62のタイムで優勝しました。

⑩當眞裕樹（名護市出身）

　2009（平成21）年の九州インカレ，西日本インカレにおいて，200mで優勝しました（喜友名，2010，p.81）。2009（平成21）年の新潟国体では，400mリレーの第3走をつとめ，39秒89の県記録と県勢初の国体4×100mリレー優勝を果たしました。

付記

　本稿の執筆にあたっては，名桜大学の平識善盛名誉教授，名護市体育協会の新城光事務局長から，貴重な示唆をいただきました。感謝申し上げます。

文献

喜友名朝得（2010）戦後沖縄陸上界　歴史をつくったアスリートたち．新星出版．
名護市史編さん委員会編（1990）名護市史・別巻1　写真集名護：ひとびとの100年．名護市役所．
沖縄陸上競技協会50周年記念誌編集委員会編（2001）沖縄陸上競技協会50周年記念誌．沖縄陸上競技協会．
沖縄県体育協会史編集委員会編（1995）沖縄県体育協会史．沖縄県体育協会．
沖縄タイムス（2016）2月24日　朝刊．
オリンピック東京大会組織委員会編（1966）第十八回オリンピック競技大会公式報告書

　　　上．オリンピック東京大会組織委員会．

琉球新報（2009）2月6日　朝刊．

琉球新報（2015）5月20日　朝刊．

琉球新報（2016a）5月29日　朝刊．

琉球新報（2016b）9月7日　朝刊．

玉城忠（1989）沖縄スポーツ人国記．琉球新報社．

豊見山和美（2007）オリンピック東京大会沖縄聖火リレー：1960年代前半の沖縄における復帰志向をめぐって．沖縄県公文書館研究紀要，9：27-36．

沖縄公文書館公式サイト．http://www.archives.pref.okinawa.jp/（参照日2017年2月9日）．

やんばるにおけるマリンスポーツの歴史

平野 貴也　*Takaya Hirano*

　ここではやんばるで行われているマリンスポーツの中で海岸や海上を舞台に行われる種目について 1）海水浴，2）サーフィン，3）ウインドサーフィンの歴史的な動向について概観することからやんばるのマリンスポーツ，マリンレジャーの諸相について述べていきます。

1）海水浴

　沖縄のマリンスポーツの歴史を理解する上で，海水浴，ビーチの開発，リゾートとの関係を整理する必要があります。本州では，1960 年代から海水浴客が増えてきました。特に江の島，鎌倉などの湘南エリアの海岸には年間に 50 万人〜 60 万人の海水浴客が訪れ，夏季は「湘南銀座」と呼ばれるほど人出が多く，盛んなレジャーでした。

　一方，沖縄は「島」であり，海に囲まれているので海に入るという行為がそれほど特殊な行為ではなく，自然海岸で泳いだり，砂浜で遊んだり，魚や貝を採ったりすることは日常の中で行われていましたし，イザリや浜下りなどの行事も行われていました。ただ遊泳区域を設定し，パラソルを立てて砂浜に寝転んで日焼けをして，マリンスポーツを楽しむような海水浴とは異なり，海水浴場という表記もほとんどされていませんでした。

　そんな中，恩納村にはいち早くリゾート関連の施設が整備されました（表 1 参照）。1957 年には前兼久地区に月の浜海水浴場（後のムーンビーチホテル），1958 年にインブビーチ（名嘉真地区），瀬良垣ビーチ（瀬良垣地区）など海水浴場を伴う観光関連の施設ができていきます。自然海岸で自然に泳

げるわけですから，県内在住者のリゾートビーチ利用は少なく，その頃の沖縄はパスポートや入域許可証が必要であったため，県外の観光客もそれほど多くない状況でした（1971 年の入域観光客数はわずか 20 万人，2014 年は705 万人）。リゾート施設の利用者は外国人観光客と米軍関係者がほとんどで，それ以外の利用者は少なかったようです。

開設年	施設名	地区
1957	月の浜海水浴場	前兼久
1958	インブビーチ	名嘉真
1965	グリーンクラブ沖縄瀬良垣ビーチ	瀬良垣
1967	大京観光万座ビーチ	太田
1969	与久田ビーチ	宇加地

表 1　恩納村のビーチ観光施設開設年（1950 年〜 1969 年）

　また沖縄では多くの海岸線をアメリカ軍が管理していましたし，海岸に隣接する土地の管理者が海浜を取り囲んで有料の海水浴場とする形態が多く見られました。そのため 1972 年の日本復帰以前に開設された海水浴場には復帰後も海浜が公的な場所であるという認識がなされておらず，誰でも泳げる空間ではありませんでした。そんな中，本土復帰や沖縄国際海洋博覧会開催（1975 年）のために国や県のプロジェクトとして高速道路などのインフラ整備が急速に進み，恩納村には 1974 年にホテル沖縄みゆき（安富祖地区），1975 年にムーンビーチホテル（前兼久地区），1983 年に万座ビーチホテル（太田地区）などのプライベートビーチを持つ本格的なリゾートホテルが建設されました（上江洲：2001）。依然，海外や県外からの来島者が利用者の大半ではありましたが，リゾートホテルを利用する者たちがマリンスポーツを楽しみ，また新しいマリンスポーツを沖縄に持ち込みます。その姿を見て海での遊び方や新しい用具などが周囲のビーチに広がっていくという流れができます。そのため沖縄におけるレジャーやマリンスポーツを楽しむという行為は海岸リゾートホテルの建設とともに発展したと言えます。1980 代後半になって海浜を自由に使用できる条例が施行され，多くの海浜への出入りが可

能になるとマリンスポーツの適所へとプレイスポットが広がっていきます。

　今も海洋博覧会記念公園内に設置されているエメラルドビーチは 1975 年の海洋博覧会の時に人工ビーチとして整備され，オープンしました。国定公園内ではありますが，公営のビーチが作られたのは沖縄では初めてのことでした。このことが契機となり，海岸環境事業などの公共事業によって海岸が整備され，公営の海水浴場が次々とオープンするきっかけになったと言われています。公共の海水浴場が整備されるようになると，やんばるに多く見られた有料の海水浴場は減少しました。ただ一方で「イチャンダビーチ」という無料のビーチを意味する沖縄の方言があるように管理された海水浴場で泳ぐのではない海岸利用のスタイルも定着していきます。また海水浴場エリアは設置されていても海水浴場という呼び名ではなく単に○○ビーチや○○海岸と呼ばれるのも沖縄県の特徴と言えます。

　このようにやんばるにおけるマリンスポーツの始まりには本土復帰および観光開発，リゾートホテルの建設が大きく関係しています。

2）サーフィン

　本島の南東部に位置する久高島は，琉球王国の時代から，神の島として崇められ，多くの祭りと祈りが行なわれています。久高島には「フートゥートゥー」という波乗りを意味する言葉があります。海人（うみんちゅ）が，漁から帰るときに船で波に乗って岸まで帰ってくる様子を意味する言葉で，上手に波に乗って帰って来るのが良い海人だと尊敬されていたと言われています。古代ポリネシア人が漁をする生活の中からサーフィンが生まれてきたように，島に囲まれた沖縄，特に波の立つリーフが点在するやんばるでは「波に乗る」ことはずっとずっと以前から行われていたと思われます。

　さて近代サーフィンは 1950 年代中ごろにアメリカ経由で日本に伝わったと言われています。戦後，日本に駐留していた米軍関係者らが当時アメリカで流行っていたサーフィンを基地に隣接した海岸で楽しんでいました。これは本州だけのことではなく，現在も多くのサーファーが見られる砂辺（北谷

町宮城海岸）や水釜（嘉手納町）では 1960 年代初旬の国内でも早い時期から
らサーファーの姿が目撃されています。この時期には軍関係者のサーファー
が多く，南部・中部を中心にサーフィンは普及していきました。またサー
フボードなどの用具の供給はリゾートに来た外国人から貸してもらったり，
譲ってもらったりすることから始まっており，先ほどの海水浴場の普及にも
見られたようにリゾート施設が普及の拠点となりました。

　1965 年に設立された日本サーフィン連盟には本土復帰後まもなく 1973
年に沖縄県サーフィン協会が加盟しています。また沖縄県内でサーフィンの
技術を競う大会も開催されており，競技としての普及も進んでおり，正確な
愛好者数の記載はありませんでしたが，ある程度の人数が実施していたと考え
えられます。これらのことから第一次サーフィンブームと言われる 1970 年
代後半から 1980 年代前半にかけて沖縄県でもサーフィンが普及したと考え
られます。

　なお 1979 年のサーフィンワールドには「ベストサーフポイント」として
スーサイド（糸満市），与那原（与那原町）など 8 か所のポイントが紹介さ

図 1　沖縄のサーフポイント（BEACH COMBING（1999）より抜粋し，
21 世紀の森ビーチを加筆）

れており，やんばるでは阿波（国頭村），真栄田（恩納村），部間（名護市）が紹介されています。BEACH COMBING（1999）には新たにコーチャン（国頭村）なども紹介されており，ポイントが北上しています（図1参照）。サーフィンにはあたらしいポイントやいい波を求めてポイントを開拓したり，トリップしたりする楽しみ方があります。この時期に「海洋博道路」と呼ばれた国道58号線の整備や県内初の高速道路として沖縄自動車道の整備が行われており，新しいポイントを開拓しながらサーファーが北上したと思われます。ただ一方で与那原や部間などのように護岸整備や道路を建設することによって自然海岸が埋め立てられ，貴重なサーフポイントが失われてきたのも事実であり，インフラ整備が沖縄におけるマリンスポーツの歴史に影響したと言えます。

3）ウインドサーフィン

　ウインドサーフィンは1968年にアメリカで発明されたレジャー・スポーツです。1974年には国内で販売が開始され，徐々に全国にウインドサーフィ

図2　レース風景（JBSA所蔵資料より）

ンジャパン社の販売店ができていきます。やんばるでは 1974 年 6 月と比較的早い時期に名護市に販売店ができます（平野，2004）。用具の供給が始まると沖縄は「風の島」と呼ばれるくらい風が吹きますし，リーフに囲まれた遠浅の海がウインドサーフィンに適しており，急速に愛好者が増えました。

　日本ウインドサーフィン協会の愛好者団体はフリートと呼ばれましたが，1974 年に名護市の愛好者が中心となって沖縄フリートが結成されます。1983 年には島内に 12 のフリートがあり，すでに 500 名以上の登録者がいました。競技としての普及も急速で，日本ウインドサーフィン協会の全日本選手権では沖縄のフリートに所属する選手が多く上位に入り，特に 1975 年第 2 回大会，1979 年第 6 回大会，1980 年第 7 回大会では沖縄のフリートに所属する者が優勝をしています。ウインドサーフィンがブームになり出した頃でもあり，出場者も多く，当時の競技者の間では「速くなりたければ，沖縄にいけ」と言われていたくらい沖縄の競技レベルは高いレベルにありました。当時のレース風景を図 2 に示します。

　また 1981 年にはウインドサーファークラスの第 8 回世界選手権が沖縄県海中公園（現在の名護市ブセナ沖）で開催されました（図 3・図 4 参照）。世界中から選手と観客が名護市に押し掛けたため，宿泊場所が足らず民家に

　（左）図 3　海中公園（部瀬名）にある記念碑
　（右）図 4　第 8 回ウインドサーファー世界選手権のパンフレット

宿泊する者も多く見られました。台風の接近に伴ってレースが延期になった時に，海外から参加した選手たちが当時，国内では見られなかったセンターボードの無い短いボードを用いて強風の中を疾走しました。強風で素晴らしいレースが展開されたことに加え，波の上で飛び跳ねるウインドサーフィンの映像が全国的なニュースとなりました（日本ウインドサーフィン協会，1984）。これらのことから，やんばるはウインドサーフィンにとって適地であるというイメージが普及の早い時期から定着しました。県内に建設されたリゾートホテルのビーチでは手軽にできるアクティビティーを求めていたこともあって，観光客のレンタル用品としてほぼすべてのリゾートホテルに色とりどりのウインドサーフィンが設置されていました。レジャーは経済状況を反映するとよく言われますが，バブル崩壊に伴って全国的にウインドサーフィン愛好者が減少し，一時期のように過熱した状況は見られませんが，数年前まで航空会社や北部の市町村，リゾートホテルがメインスポンサーとなって，国頭村や恩納村を中心にプロ選手による賞金レースが毎年開催されていました。また現在も全日本学生選手権は，奥間ビーチ（国頭村）を舞台に毎年開催されていますので，ウインドサーフィンはやんばるのマリンスポーツの歴史を概観する上で重要なスポーツであり，レジャーであると言えます。

文献

BEACH COMBING 編集部（1985）BEACH　COMING1985，ライズシステム，58.

BEACH COMBING 編集部（1999）BEACH　COMING1999，ライズシステム，67.

平野貴也（2004）黎明期におけるウインドサーフィンの普及に関する研究―日本ウインドサーフィン協会の活動を中心に―. レジャー・レクリエーション研究第 52 巻，1-22.

日本ウインドサーフィン協会（1984）ウインドサーフィンのあゆみ　協会 10 年史. 日本ウインドサーフィン協会，4-9.

上江洲薫（2001）観光地域における企業の土地所有と観光開発の展開―沖縄県恩納村を事例に. 人文地理 53（5），463-476.

やんばるでのマリンスポーツ：帆かけサバニ

山本 健司　*Kenji Yamamoto*

海との関係が深い「やんばる」

　「やんばる」には 1731 年頃に 100 以上の『港』がありました。それらは，現在の港のように船が接岸できるようなものではなく，近世末から昭和にかけて海上交通輸送手段の主流であった「山原船」が沖合に停泊し，人の乗り降りや積み荷の積み下ろしにはさらに小さな舟が使われていました。このような場所は，「津」・「津口」・「ナートゥ（港）」・「トゥマイ（泊）」などと呼ばれていました。15 世紀の文献に良港として記されていた運天港も，岸壁に船が接岸できるようになったのは第二次世界大戦後でした（今帰仁村歴史文化センター，2006, p.1）。

　かつて盛んに利用されていた『港』の現在の様子を確認するため歴史的な地名を手がかりにして実地調査を試みたところ，現在も比較的小規模な漁港

図1　勘手納港1　　　　　　　　図2　勘手納港2
勘手納（かんてな）港の現在（2016 年）の様子。名護市仲尾次付近，羽地内海に面しており，一部が「仲尾次漁港」として整備されています。

となっているところや小型の漁船や小型のプレジャーボートの船溜まりとして使用されていた場所もありましたが，海岸線に道が作られたり，埋め立て地となっていたり，新たに整備された比較的大規模な港に吸収される形でその姿が失われて確認できない場所が大半でした。しかし，沖縄本島中南部に比較して「やんばる」には，昔の『港』として利用されていたころの地形を残しながら現在は使われていない場所が多くみられました。

図3　湖辺底港1　　　　　　　　図4　湖辺底港2

湖辺底港の現在（2016）の様子。国道58号線湖辺底バス停付近。

「許田漁港」として整備されていますが，比較的以前の姿がよく残っています。

　1730年前後の島尻・中頭を含む沖縄本島全体で使用されていた舟は1700艘を超えていたとする記録と780艘ほどであったとする記録が存在しますが，そのどちらもがその半数以上が「やんばる」で使用されていたと記されています（池野，1994，p.106）。これらから，沖縄本島内の他の地域に比べて陸上交通が不便であった「やんばる」では，それを補う形で海上交通が盛んで小型の舟を利用する機会が多かったと考えられます。

帆かけサバニの起源

　ここで紹介する「帆かけサバニ」は，近世から昭和にかけて沖縄本島周辺で海上運輸を担っていた「山原船」よりも小型で，漁労のほか人や物の運搬にも用いられていました。

　サバニには，磯でウニを採ったりタコ突きをする際に使用される最も小型の「磯サバニ」，やや大きく二人乗りの沖でトビイカやマグロやサメを釣るのに用いられた舟の幅が約3尺（90cm）の「フカアッキサーブニ」がありました。そのほかに，追い込み漁で使用されていたという漁師が6〜8人乗り込むことが可能なやや大型で舟の幅が約4尺（120cm）の「イノーアッキサーブニ」，さらに大きく5〜6人乗りで，かさ張る網も積むことができる，グルクン（タカサゴ）などを獲る漁に使われた，舟の幅が約5尺（150cm）の「アギヤーサーブニ」などの種類がありました。

　現在は船の大きさを表す場合には全長や排水量を用いることが多いのですが，サバニに関しては舟の横幅である全幅が重視され，サバニ大工にサバニを発注する際も全幅を指定することが最重要とのことです（魚まち編集部，1995，pp.3-5）。

　また，沖縄各地で行われる伝統行事のハーリーには，長さ8m，幅1.3m，高さ47cmという規格で作られたハーリー舟が使用されていますが，以前は漁に使用するサバニがそのまま使用されていたとのことです（大城，2005，p17）。

　サバニの起源については諸説ありますが，16世紀から17世紀初頭にかけて編纂されたとされる『おもろさうし』に「さばねよらぶさ」と記されている刳舟がその原型であり，インドシナ半島で使用されていた刳舟と共通する起源を持つのではないかと言われています。しかし，刳船を作るためには大木を使う必要があったことから，限られた森林資源を保護するために1737年には刳船建造を禁止する命令が出されました（池野，1994，pp.104-105）。そのため，18世紀頃には丸太をくりぬいて作るため大量の大きな木材を必要とする「刳舟」にかわり比較的小さな木材を貼り合わせて作る「はぎ舟」へと造船法が変化していきました。杉材による「はぎ舟」である「サバニ」が糸満で誕生したのは1880年頃であると考えられています。その一方で，刳舟が昭和初期である1920年代頃まで使用されていました（安本，2003，pp.15-16）。

　しかし，サバニを作ってきた舟大工の多くが，自分の記憶だけを頼りにして文書記録や図面など全くなしに舟を作ってきた（ダグラス・ブルックス，2014，p.6）ことや，老朽化して漁に適さなくなるとすぐに廃棄されて新しいサバニが使用されていたことなどから，サバニがどのような変化を経て進化したのかはよく分かっていません。

20世紀のサバニ

　第二次世界大戦前には，沖縄近海のほか，糸満の漁師たちは自らのサバニを持ち込んで千葉県・和歌山県・四国・五島や対馬などを含む九州のみならず，当時日本領であった台湾や，当時日本の委任統治領であったマリアナ諸島・カロリン諸島・マーシャル諸島の漁場で糸満独特の漁法による漁を行っていました。また，ニューギニアとオーストラリアに挟まれたアラフラ海にもサバニを持ち込んで真珠取りを行っていました（織本，1983，p192）。

　これらの「サバニ」は，帆と櫂（フー　エーク）だけを使う「帆かけサバニ」であり，沖縄本島周辺では第二次世界大戦後の1950年前後まで漁船の大半を占めていました（魚まち編集部，1995，p.3）。

　昔ながらの帆かけサバニは，燃料を必要とせず風力と人力のみによって航海できる乗り物です。エンジンやスクリューによって得られる推進力と比較するとごく小さな風力と人力のみによる推進力を有効に使うため，非常に洗練された軽量の船体を持っていましたが，その一方で，とても繊細な操船法が必要とされました。

　サバニは，亜熱帯地域のリーフ（サンゴ礁）の内外に広がる豊かな漁場での漁に適した小舟として広く用いられていました。少人数で海への上げ下ろしが可能なことや，その日の海況や風向によってサバニを島の反対側の海岸まで陸送して漁をすることができるのも大きな利点であったようです。また，小型のサバニは吃水が浅いことからリーフの内側などの浅い海での航行ができたことに加え，リーフの外側の外洋に近い海況やある程度の荒天でも安全を確保できる機能も兼ね備えていました。ただし，乗員が海に浸かっても危

険の少ない温かい海だからこそ，その機能が発揮できるという側面もありました。これらから，サバニは水温が温かく浅瀬が多いがリーフの外側はほぼ外洋と同じような海況という沖縄周辺の自然条件に最も適合した使い勝手の良い小型の舟であったといえます。

　ところが，沖縄本島周辺では干拓等によって海岸から近い漁場が失われていったことなどから徐々にその利用価値が低下していったと考えられます。そのため，第二次世界大戦後は，伝統的な木製の舟であったサバニの船体を補強しエンジンを装着するという改造を施し，フーやエークを使わずに使用することが広く行われるようになりました。次いで，「イノーアッキサーブニ」や「アギヤーサーブニ」を基本とする大きめの船体にエンジンを搭載できるように改良された新造船が作られるようになりました。そのような状況から重いエンジンを搭載可能な丈夫な船体をもつ「サバニ」以外は造船されなくなり，軽くて繊細さに富んだ船体をもつ「帆かけサバニ」の伝統的な造船技術や操船法は徐々に忘れ去られてゆきました。西暦 2000 年頃には，サバニ以外の FRP（ガラス繊維で補強したプラスチックの素材）製の頑丈な漁船が大半で，ごく少数のエンジンを搭載したサバニが残るだけとなっていました。そして，エンジンを積まない帆かけサバニが海上を走る姿はすっかり見られなくなっていました。

　このようにして，当時サバニを製作した経験のある数人の高齢の「サバニ大工」も，新しくサバニを注文する人も居ないことから，造船法を後世に伝えることができなくなってしまい，そのままではサバニの操船法や造船法は永久に失われるのを待つだけという危機的な状況を迎えていました。

21 世紀のサバニ

　21 世紀を翌年にひかえた 2000 年，やんばるの中心地である沖縄県名護市の万国津梁館を主会場に開催された主要国首脳会議（沖縄サミット）を機に，座間味島から那覇まで約 36 km のコースで「サバニ帆走レース」が開催されました。「サバニ帆走レース」は第 4 回レースから「サバニ帆漕レー

ス」と改称され，その後毎年開催されたのに加え，「糸満帆掛サバニ走せー
大会」・「南城市長杯　帆掛けサバニレース」や「環金武湾帆掛けサバニレー
ス」などが次々と創設され，漁船としての存在価値が失われた帆かけサバニ
は，ある意味で最も新しいマリンスポーツとしてよみがえりました。半ば忘
れ去られた操船法を学び工夫しながらレース参加して楽しむ人達が増えると
ともに，半ば失われた伝統的造船法を学んでレースに使用する「帆かけサバ
ニ」の造船に挑む若い人々も現れました。リーフに囲まれた亜熱帯地域特有
の海洋環境に適するように工夫されてきた帆かけサバニは，この海域に適し
たマリンレジャー／マリンスポーツとして発展していく可能性を持っている
といえます。

マリンスポーツとしての帆かけサバニ

　2000 年に開始された「サバニ帆漕（帆走）レース」を運営するサバニ帆
漕レース実行委員会は 2003 年に「サバニ帆漕レース・ルールブック」を作
成しました。その後の帆かけサバニレースの多くはここで示されたルールに
則る形で運営されています。このルールブックは何度かの部分的ルール改定
が行われた後に，「サバニ帆漕レース　2014 年版ルールブック」が作成され
ています。

　レースに参加できるサバニは木製か FRP 製で，全長 4.5 〜 9 m，全幅 1.5
m 以内と定められています。帆柱は 1 本または 2 本で木または竹で作られて
いる物に限られ，1 枚または 2 枚の帆が使用できます。また、櫂に関しては，
伝統的にサバニに用いられたものの形状のものに限られ，カヌーやカヤック
など他種の舟に用いられているパドルやオールなどの使用は禁じられていま
す。乗員は原則として 2 名〜 6 名とされていますが，座間味をスタートし那
覇港にフィニッシュするレースではレース中に伴走している艇で待機してい
る予備の乗員と何度でも交代しても良いことになっています。

　レースでは上記の規定を満たすサバニを 2 種の艇種に分け別々に順位を

競います。

①サバニクラス（古式サバニ）

旧版で古式サバニとされていたクラスで，舵やアウトリガー（南太平洋等で用いられる帆走カヌーに装着されている一種のフロート）が装着されていないサバニです。アウトリガーが付いていないため転覆しやすいほか，舵がついていないため最後尾に乗る乗員がエークを用いてサバニの針路を調整します。かつて沖縄近海でリーフ内から比較的沖合まで帆漕していたフカアッキサーブニに最も近いクラスと言えます。

②ニーサギクラス（アウトリガー付サバニ）

アウトリガーを装着しているサバニで，安定性が高く転覆しにくいのが特徴です。エークによって針路を調整するのが難しいので舵が使用されることもあり，比較的操船が容易なクラスであると言えます。

（左）図5　古式サバニ　　　（右）図6　アウトリガー付きサバニ

2000年に行われた第1回サバニ帆走レースでは16艇の参加がありましたが，その後参加艇は増加してきており，2016年の第17回サバニ帆漕レースでは37艇（2種の艇種の合計）の参加がありました。多くのチームは沖縄県内の社会人を中心とするチームですが，県内の中学生や高校生が主体の

チームや，県外の社会人や大学が主体のチームも参加しています。このように，沖縄県内のチームに加えて県外からの参加もみられるようになるなど，徐々に帆かけサバニ愛好者のすそ野は広がりつつあります。

マリンレジャーとしての帆かけサバニ

　帆かけサバニにはレースに参加して競うのみでなく，単純に帆漕を楽しんだり海上のピクニックを楽しむといった楽しみ方もあります。船体の構造上，あまり多くの荷物を運ぶことはできませんが，港の設備のない浜への出入艇が可能なことから，陸路からは近づけない浜への小旅行も容易に楽しめます。モーター・クルーザーやセイリング・クルーザーは吃水が深いことなどから浅瀬の航行は不可能ですが，帆かけサバニであれば数十センチの浅瀬の航行が可能です。

　海に囲まれて海岸線が長いことに加え，まだ手つかずの自然のままの浜が数多く存在しているやんばるは，マリンレジャーとしての帆かけサバニを楽しむうえで大きな可能性を秘めていると言えます。また，日帰りが可能な距離に多くの小さな離島が点在することも大きな魅力です。

　カヌーやサーフィンやボードセイリングには敵いませんが，帆かけサバニはとても近い距離で海に親しめることも魅力の一つです。比較的大型のサバニでは無理な場合もありますが小型のサバニであれば手を伸ばすだけで直接水面に手が届きます。

　帆かけサバニは風力と人力のみで推進力を得るため，波の影響・潮流の影響・風の影響などを強く受けます。また，河口付近では川から海に流れ込んでいる水の勢いにも大きな影響を受けます。さらに潮の満ち干を注意深く計算して判断することも求められます。したがって，帆かけサバニに親しむことは，種々の自然の現象をとても身近に感じることや，それらの状況を的確に判断する能力を高めることにつながります。

　私たち人類は，技術革新などを大いに利用して効率的で便利な生活を享受してきました。その一方で，自然環境を破壊し，天然資源を消費し，また，

自らの自然現象に対する感受性を低下させてきました。現在，国際社会では環境破壊を減らす方策や，枯渇する資源に代わるエネルギー資源の開発などが重要な問題となっています。それらの問題はなかなか個人として関わることはできない問題ですが，自らの自然への感受性を向上させることはマリンレジャーなどを行うことなどで可能です。多くの現代人が既に失いつつある自然への感受性を高めることは，これからの人類の将来を考えるうえで大きな意味があると考えられます。

これからの帆かけサバニ

　18世紀には沖縄本島のみで100カ所以上の海への玄関があり，その多くはサバニなどの小型の舟が利用しやすいものであったと考えられます。

　翻って現代では大型船が利用可能な港や，モーター・クルーザーやセイリング・クルーザーのためのマリーナ・漁船のための漁港は整備されていますが，その数の少ないことに加え，帆かけサバニなどのマリンレジャーやマリンスポーツを目的とする小型の舟にとって使い勝手の良い施設はほとんど見当たりません。

　帆かけサバニを今後さらに普及させるためには，小型の舟が上げ下ろしでき，舟やその舟をメインテナンスする道具類を保管でき，乗員が海から上がったあと体を洗えるシャワーや，陸揚げした舟の艤装品を水洗いすることができる水道などの設備が海辺に備えられることが望まれます。

　かつて「津」・「津口」・「ナートゥ（港）」・「トゥマイ（泊）」などと呼ばれていた場所のうち，現在も昔の地形をとどめていて特に利用されていない場所などは，そのような施設を設けるのに適した場所であると考えられます。また，既に護岸工事や海岸線を通る道路のためにその陸上の地形が変わってしまった場所も，海中の地形が大きく変わっていなければそのような施設を作る適地であると言えます。そのような場所を整備し，多くの帆かけサバニがそれらの拠点間を帆漕する環境が整えば，やんばるの帆かけサバニは新しい時代を迎えることができることでしょう。そして、やんばるはレジャー・

スポーツ・観光の面からも，なお一層魅力的な場所となると考えられます。

文献

池野茂（1994）琉球山原船水運の展開. ロマン書房本店.

魚まち（いゆまち）編集部（1995）「糸満ウミンチュー講座」ベテラン漁師・上原佑強
　　さんによる　サバニ入門編. 魚まち, 7：1-11.

大城昇（2005）ハーレー舟もサバニ？. Coralway, 2005年5/6月号：17.

織本憲資（1983）日本土人南島探訪記. 舵社.

金城善（2005）いつどこで生まれたの？. Coralway, 2005年5/6月号.

サバニ帆漕レース実行委員会監修（2014）Sir Peter Blake KBE Memorial サバニ帆漕レー
　　ス　2014年版　ルールブック. サバニ帆漕レース実行委員会.

ダグラス・ブルックス(2014)　沖縄の舟サバニを作る. 株式会社ビレッジプレス.

今帰仁村歴史文化センター編（1999）　なきじん研究9－山原の港－. 沖縄県今帰仁村
　　教育委員会.

今帰仁村歴史文化センター編（2006）　なきじん研究14－山原の津（港）と山原船－.
　　沖縄県今帰仁村教育委員会.

安本千夏（2003）潮を開く舟 サバニ　－舟大工・新城康弘の世界－. 南山舎.

やんばるとバスケットボール：辺土名旋風

石橋 千征 *Yukimasa Ishibashi*

　「○○旋風」。沖縄県内では○○の中に，まず最初に誰もが思い起こすのは，やんばるの「辺土名」だと思います。「辺土名旋風」とは，1978年（昭和53年）の夏，やんばるから遠く離れた，東北山形県の体育館で，平均身長167センチメートルの辺土名高校の選手たちが，全国の強豪を次々と撃破し，沖縄県勢初の全国3位に輝いた出来事です（沖縄県バスケットボール協会，2004）。「○○旋風」という形容は，バスケットボールだけでなく，野球やバレーボールなどの競技でも，○○の中を母校名に変えて使われる有名な言葉となっています。ではなぜ，様々なスポーツにまで影響を与えるほどの言葉になったのでしょうか。そこで本稿ではまず，当時の状況や熱狂ぶりについて，様々な資料や直接本人からのインタビューから振り返ります。その為に，取材された方の熱意や想いを出来るだけ尊重し，本稿は引用を多くした構成となっています。

　1978年（昭和53年），全国高等学校総合選手権大会のバスケットボール競技会場では，辺土名高校の快進撃をひと目見ようと，大観衆に埋め尽くされました（沖縄タイムス，2004）。対戦相手は，辺土名高校のスピードとスタミナに溢れた「オールコート」で激しいディフェンスにほんろうされ，さらに「パスはカットされ，マスコミが超音速と表現するドリブル，パスワークであっという間に得点されました。後半になるとバテとあせりから反則続出で10ファールをとられるチームも出て反撃を立たれました」（沖縄タイムス，1998）。バスケットボールのリングは，高さ305センチメートルに位置しています。この高さは，カナダ人教師であるジェームス・ネイスミス博

士がバスケットボールを考案して以来，一度も変更されていません。この競技特性では，ゴール付近で争った際の身長差がものを言うため，身長で劣る選手やチームにとって，この「高さへの挑戦」が永遠の課題となっています（加藤，1998）。そこで，身長の低さを補うために辺土名高校の選手たちは，ゴール付近の争いを極力減らす「オールコート」での「切り替え（トランジション）」の速い平面バスケットボールをコート上で繰り広げました。つまり，辺土名高校の魅力を一言でいうと，「走る」ことです（月刊バスケットボール，1978）。当時の日本バスケットボール協会の関係者は「身長が低いから勝てないのではないことが分かった。辺土名の速さには，普段から十分に走り込んでいないとついていけない。辺土名の武器は基本以外の何ものでもない」と評価しました（沖縄タイムス，2014b）。「日本のバスケットボールの進むべき道」と日本バスケットボール協会関係者をうならせるほどの快進撃でした（安里，1986）。このように日本全国に衝撃を与えた「辺土名旋風」は，コーチと選手たちが血の滲むような努力の上に獲得した賜物でした。そこで次節から，コーチと選手たちを中心に焦点をあて，当時のフィーバーぶりを文献から回顧するだけではなく，「辺土名旋風」が，沖縄さらに日本のバスケットボール界に与えたインパクトについても言及していきたいと思います。

　辺土名高校を率いたのは，大宜味村出身の「安里幸男」でした。彼は，「指導者がいない。だから勝てない」状況を体験し，「後輩には同じ思いをさせたくない」と教師の道を志ざし，中京大学へ進学しました（琉球新報，2004）。卒業を前に，当時最強を誇っていた秋田県の能代工業高校に，「優れたガードが育つ。そのガードの育て方，技術の高さを盗んでこよう」と，事前のアポイントを取らずに押しかけました（月刊バスケットボール，1978）。しかし，体育館の扉を開けた瞬間に，「安里幸男の中にあった指導者としての自身はガラガラと音をたてて崩れ落ちた」そうです（月刊バスケットボール，1978）。「全選手が一斉に振り向いてあいさつをしてきた。やる気に満ちあふれた集団。みんなの目が一つの目になっていた。伝統，迫力，全てが違った」。「穴があったら入りたかった。技術のことしか頭になかった

自分が恥ずかしくなった。選手のやる気なんて全く考えてなかった」と「安里幸男」は当時を振り返り述べています（琉球新報，2004；沖縄タイムス，2014a）。能代工業高校の加藤廣志監督（当時）は，「強いチームをつくるには技術ではない」と，マネージャーの頑張りとか技術以外のチームづくりの大切さを説いてくれたそうです（琉球新報，2004）。「欠点は誰でもがもっている。要は長所を発見し，いかに伸ばして欠点を補っていくかが大切である。選手にやる気を起こさせ，自主的に運営させるのが望ましい」と気づいたそうです（安里，1992）。この気づきが，指導者としての原点であり，「教える情熱，バスケに懸ける度合いは，他人より大きい」（沖縄タイムス，2014e）と自負されていますが，これは針小棒大ではありません。2014年（平成26年）3月に前原高校を定年退職されるまで，県内大会優勝は当然のこと，全国高等学校総合選手権大会や国民体育大会，選抜優勝大会で全国3位を5度，8強入りを6度達成されました。1999年（平成11年）には，全日本ジュニア代表のアシスタントコーチとして，世界のレベルを沖縄の子供達に伝えるために，世界大会にも派遣され，沖縄県内で世界のレベルを知る数少ない指導者として，沖縄の高校バスケットボール界を牽引してきました（琉球新報，1999）。

　さらに，その魅力ある指導者としての姿は，1990年台代，日本全国にバスケットボールブームを巻き起こした人気マンガ「スラムダンク」の登場人物である「田岡茂一」監督のモデルにもなりました。「田岡茂一」は，主人公のライバルチームの監督として，「スラムダンク」で数ある名言の中で，珠玉の言葉を残しています。それは，主人公のチームに負けた直後にインタビューを受ける場面での言葉です。

　「最後の方は9割方ウチの思惑通りだった　あと　ほんの一押しだったところを小暮君と桜木君にやられました　私は　あの2人を湘北の不安要素と決めつけていた　桜木は危険な素人　小暮は層のうすいベンチ要因として…
　だが彼らが試合を決めた。敗因は　この私!!　陵南の選手たちは最高のプレイをした!!」（井上，1994）。

　敗戦直後で言い訳したい場面ですが，冷静に敗因を分析し，素直に負けを認め，選手を称えることができる，素晴らしい監督として描かれています。このような毅然とした態度で，自分の責任だと語る指導者こそ，上に立つ人間の理想像であると思います。バスケットボールの指導者としてだけではなく，2011年（平成23年）には文部科学大臣優秀教員としての表彰が示すように，人間力を向上させる情熱溢れた教育者であったことは，言うまでもありません。だからこそ，「スラムダンク」の作者は，「安里幸男」と「田岡茂一」を重ね合わせ，モデルとして起用したのだと思います。「人を感動させること」をモットーとする名将は，定年退職された後もバスケットボールへの情熱は失うことなく，全国各地の中学，高校，大学へ指導に出向き，また日本バスケットボール協会公認コーチ育成講習会の講師としても，後進への指導を精力的に行っています（沖縄タイムス，2014e）。現在（発行年当時）は，沖縄市教育委員会の要請により，コザ高校男子の外部コーチとして，復帰を果たしています。

　「安里幸男」から，バスケットボールへの情熱を注入された教え子たちは，卒業後，大学や社会人，日本代表選手として活躍しました。さらに，指導者として師弟対決を繰り広げており，沖縄バスケットボールの礎を築いた門下生たちの存在も忘れてはなりません。「辺土名旋風」を選手として巻き起こした，「金城バーニー」（現那覇国際高校男女監督，発行年現在）や「金城健」（現北谷高校，発行年現在），そして豊見城南高校で九州3位になった際の選手であった「嘉陽宗紀」（現豊見城高校男子監督，発行年現在）や，北谷高校で全国3位になった際の選手であった「源古隆」（現小禄高校男子監督，発行年現在）らです（紙面の都合上，他に活躍している指導者は割愛します。申し訳ありません）。沖縄県の高校男子バスケットボールの勢力図は，「全県から有望選手が集まる私立の興南高校に，安里幸男とその教え子指導者率いる県立校が挑む流れ」が続いています（沖縄タイムス，2014d）。「安里幸男」は指導者となった教え子たちに，「異動して3年以内に県内8強に入らなければ，その後に優勝はないと思え」と伝えたそうです（沖縄タイムス，

2014d)。その教え通り後継者たちは，全国大会常連校の指導者として結果を残しており，今後もお互いライバルとして切磋琢磨していくことでしょう。

　「安里幸男」の教え子ではありませんが，筆者も多大な影響を受けた1人です。名桜大学のバスケットボールは，沖縄バスケットボールの特徴であるである「ラン＆ガン」スタイルに，ユーロスタイルをプラスした「ちゃんぷるースタイル」を目指しています。また「安里幸男」が大事にしている「選手にやる気を起こさせ，自主的に運営する」（琉球新報，2004）チーム創りは，スポーツ心理学の観点からも重要であり，名桜大学バスケットボール部でも大事にしているモットーの1つです。バスケットボールのルールには，「アンスポーツマンライクファール」という，スポーツマンらしくない振る舞いを禁じるルールがあります。アスリートとしてルールを守ることは当たり前です。ルールを守ることが，アスリートの価値を高めます。名桜大学バスケットボール部では，チームスポーツにおけるスポーツマンシップを遵守し，やんばるのバスケットボールの価値を高めることに貢献できるように，日々切磋琢磨しています。名桜大学は，日本で唯一，公立大学で健康・スポーツ系の学科を保有しているからこそ，名桜大学にしか出来ないやんばるのバスケットボールを後世に継承できる人材を育成することが，重要な地域貢献活動の1つであるはずです。やんばるのバスケットボール事情は現在，人材輩出の宝庫だけになっており，かつてバスケットボールのメッカと呼ばれた面影は残念ながらありません。人材流出をいかにして食い止め，やんばるのバスケットボールを再び盛り上げるためにも，「名桜旋風」を巻き起こさなくてはなりません。

　「辺土名旋風」は，やんばるから巻き起こった突発的な「つむじかぜ」ではありません。「安里幸男」は，「教え子が良いコーチになったのは，うれしいこと。師を追い越すのが，一番の恩返しだ」（沖縄タイムス，2014d）と述べたように，やんばるが育んだ知識や情熱は，教え子指導者だけではなく，またその教え子にと後進に脈々と受け継がれています。まさに「ひんぷんがじまる」のように多くの根を増やし大木となっており，バスケットボール関

係者だけではなく，様々な人に多幸をもたらしています。沖縄の「ラン＆ガン」スタイルは，サイズの劣る小さな選手で，いかにして大きな選手に勝つかを追求し，先人の知恵をうまく吸収しながら，時代に合わせて進化しています。日本代表選手が世界と戦う際に必ず直面するサイズの不利は，沖縄の選手は常に意識しながら戦っており，やんばるが発展させた「ラン＆ガン」スタイルという知恵の結晶が必ず日本代表の切り札となるはずです。やんばるのバスケットボールが日本のバスケットボールのスタンダードになる日を夢見て。

（左）バスケット初の全国４強入りを果たし，特別敢闘賞を受ける辺土名チーム
（右）辺土名の金城健はディフェンス陣を抜き抜き，シュートを決める（いずれも 1976 年 8 月 6 日、山形県体育館）

付記

　本稿の執筆にあたっては，当時の関係者から貴重な示唆を頂きました。感謝申し上げます。また，敬称を省略させて頂きました。

文献

安里幸男（1986）県立辺土名高等学校創立四十周年均絵事業期成会記念誌編集委員会編，

県立辺土名高等学校創立四十周年記念誌. 県立辺土名高等学校創立四十周年均絵事業期成会, 沖縄.

安里幸男（1992）秋田県立能代工業高等学校記念誌編集委員会編, 秋田県立能代工業高等学校全日制 80 周年定時制 30 周年記念誌. 全日制 80 周年定時制 30 周年記念事業実行委員, 東京.

安里幸男（2004）沖縄県バスケットボール協会編, 創立 50 周年記念誌. 株式会社旭堂, 沖縄.

加藤廣志（1998）高さへの挑戦（改訂版）. 秋田魁新報社.

沖縄タイムス（1998）11 月 10 日　夕刊.

沖縄タイムス（2004）1 月 14 日　朝刊.

沖縄タイムス（2014a）4 月 13 日　朝刊.

沖縄タイムス（2014b）4 月 14 日　朝刊.

沖縄タイムス（2014c）4 月 15 日　朝刊.

沖縄タイムス（2014d）4 月 16 日　朝刊.

沖縄タイムス（2014e）4 月 17 日　朝刊.

井上雄彦（1994）スラムダンク. 集英社. 19 巻.

月刊バスケットボール（1978）VOL. 6, No. 10. 日本文化出版株式会社, 東京.

琉球新報（1999）6 月 8 日　朝刊.

琉球新報（2002）1 月 17 日　朝刊.

琉球新報（2004）9 月 30 日　朝刊.

第 2 章
やんばるスポーツの現在とこれから

やんばるのマリンスポーツ

平野 貴也　*Takaya Hirano*

1. やんばるの海の特性

　沖縄県の年間平均気温は約22度と温暖で，年間を通じて平均3～4m/s（これは全国的に高い方です）の安定した風が吹きます。沖縄のようにサンゴ礁が隆起してできた海の特徴でもあるサンゴのリーフの簡略図を図1に示しました。①のエリアは干潮時には多くの場合，干上がってしまいます。たくさんの生物が生息していてイザリ（潮干狩り）が楽しめます。満潮時には足の着くエリアとなり，潮だまりで泳ぐこともできます。②のエリアはイノーやリーフの内側と呼ばれ，遠浅でアウトリーフによって波が入ってこないため平水面となり，初心者のマリンスポーツのレッスンに適しています。また満潮時にはリーフの上で波乗りが楽しめます。③の外洋は波が荒く，レジャーとしてのマリンスポーツには適しません。

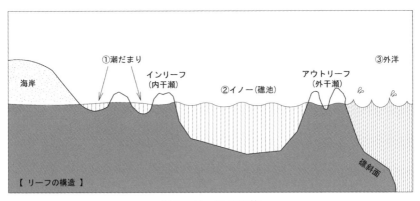

図1　リーフの形状

　リーフがあるおかげで安全にマリンスポーツを楽しむことができますし，初心者から上級者まで楽しめる環境が作られています。ただリーフはサンゴや岩で形成されていますので裸足で踏めば足を切りますし，波に乗ったまま叩きつけられれば非常に危険な場所となります。また礁原に取り残されたり，リーフから流れ出る潮によって発生する流れ（リーフカレント）に乗って流されたりと難しい一面も持っています。そのためやんばるの海では干潮満潮の時間，潮位，リーフの形状などには特に注意して楽しむ必要があるでしょう。

2．現在のやんばるにおける海上のマリンスポーツ事情

1）ウインドサーフィン

　以前ほどではありませんが1章でも触れたように，風が吹くと多くのウインドサーファーがやんばるの海を楽しんでいます。沖縄で梅雨が開ける前に吹くカーチバイ（夏至南風）と，冬の到来を告げるミーニシ（新北風）は格別で，県外や海外からウインドサーファーが風と波を求めて沖縄へやって来ます。低気圧が通過すれば通常6から10m/sくらいの安定した風が得られ，スラロームセイルなら6.0から8.0m^2，ウエイブセイルなら6.0から4.5m^{2}のセイルがあればかなり高い確率でプレーニングができます。台風の時はもちろん外に出らないくらいの暴風ですが，通常は4.5m^{2}以下の小さいセイルを使うことは年に数回しかなくファンなウインドサーフィンが楽しめます（好みにもよりますが，風が吹きすぎると風を求めるウインドサーファーもつらいんです）。なにより風が吹いても暖かいのがうれしいですね。水深が深く，フラットウオーターならスラロームボード，干潮時で水深が浅いならフリースタイルボード，リーフや波のある海面ならウエイブボードと用具によって遊ぶ場所を選択するのもおもしろいと思います。

2）サーフィン

　やんばるには波の立つポイントが無数にあるので，波を求めて多くのサー

ファーが北上し，やんばるを訪れます。波に乗りながら人工物がほとんど目に入らないポイントやまだまだ知られていないポイントを探すのも楽しみの一つです。リーフブレイクはリバーやサンドのブレイクと異なり，うねりの向きさえ合えば波が立ちます。インサイドの小さな波，アウトサイドの大きな波をレベルによって選択できます。あとは風をどうかわすかですが，東海岸，西海岸，湾やリーフの形状によって選択しましょう。ただ人目につかないポイントも多く，リーフの外に流されたり，用具のトラブル，怪我などの不測の事態にも対処できるように信頼できる仲間とエントリーすることをお勧めします。またポイントにもよりますが，地域との関係性がありますので車を止める場所，騒音，畑や集落内での運転マナーにはくれぐれも気をつけましょう。より良いコンディションで楽しくサーフィンをするためにはやんばるのショップやローカルサーファーにアドバイスを求めるのが賢明です。なおやんばるにはトイレやシャワー，自動販売機などがないポイントが多いので用具を洗う水に加え，飲料水も携帯することをお勧めします。

3）ＳＵＰ（スタンドアップパドルボード）

　ＳＵＰとはスタンドアップパドルボード（ボーディング）の略で，国によってはスタンドアップパドルサーフィンとも言われています。ボードの上に立ち，水上をパドル（オール）にて漕ぎ進むスポーツです。歴史は諸説有りますが，一般的には1950〜60年代初頭にワイキキのビーチボーイ達が，体験サーフィンをする観光客の写真を撮る時にカメラを濡らさない様に，大きなボードに立ってアウトリガーのパドルを漕いだのが始まりとされています（平野，2012）。

　わが国では2000年頃から神奈川県の湘南海岸周辺で見かけるようになりました。2012年4月には一般社団法人日本スタンドアップパドルボード協会が設立され，2012年11月に静岡県で全日本選手権が開催されました。やんばるでは2005年くらいからＳＵＰを漕ぐ姿が見られています（宮崎，2015）。

　リーフ内では平水面なので初心者でもすぐに立って漕ぐことができ，リーフの上ではサンゴを観察することができます。立って漕ぐので視点が高く海中が良く見えます。また岸からでは見られない大自然の景観を水上から見ることができるのもやんばる向きのスポーツであると言えます。立って漕ぐので漕ぎやすく，岸から遠いサーフポイントにも比較的楽に移動できることも利点と言えるでしょう。このようにやんばるの特徴として挙げたリーフによってSUPを行うのに適した環境があることから，やんばるではSUPを楽しむ人が急増し，県外からも多くの人が訪れています。

　沖縄県では全国的な組織ができると同時期に沖縄県スタンドアップパドルボード連盟（OKSUP）が設立されました。競技会や講習会を開催し，沖縄県におけるSUPの健全な普及発展，及び安全啓蒙が行われています。沖縄県でSUPを楽しむ上での注意点などがHPに示されていますので下記をチェックしてください。（沖縄県パドルボード連盟　http://www.oksup.jp/）

3．海でのルールとマナー

　どのようなスポーツもルールやマナーがあってこそ，成り立っています。ルールを遵守する姿勢や，品性やマナーを身につけるといったスポーツマンシップ（海ではシーマンシップと言われます）の精神は，マリンスポーツを行なう際にも必要なことです。

　特に自然を相手にするスポーツでは，準備，出艇するかしないかの判断，気象変化の見極め，体力の消耗などなど，全ての判断や責任は自分自身にあります。人に迷惑をかけないのはもちろんですが，自然の中では自然を尊び，敬い，愛する気持ちを保ち，日頃から体調管理に気を付け，精神を健全に保つ事が原則となるため，ある意味で人が相手のスポーツよりもルールやマナーを守ることが重要になります。

　また海は誰のものでもありませんが決められた法律や条例等があり，どんなところでもマリンスポーツを楽しんで良い訳ではありません。漁業に関するルール，競技のルール，各地元でのローカルルール（地域におけるルール），

セーリングやサーフィンなどの種目ごとのルールなど，守るべきルール＆マナーは数多くあります。沖縄，特にやんばるのようなリゾートやレジャーのために短期間の間だけ訪れる方が多い場所では，いつの間にかローカルルールが無視されがちです。

　ここでは海上でマリンスポーツを楽しむ人が知っておいてほしいルール＆マナーについて宮崎（2015, p.9-12）を引用しながら，やんばるの状況を考慮して5つの観点から紹介します。

1）船は優先すべきなのか？
　海上では手漕ぎボートから，サーフィン，ヨット，エンジンの付いたプレジャーボートまで様々な船が行き交います。全ての海域に適用される交通の基本法は「海上衝突予防法」です。一部の混雑する海域に特別に適用される「海上交通安全法」，港内に特別に適用される「港則法」を合わせて「海上交通三法」と呼ばれています。エンジンをつけていなくても海上を帆走したり，漕いだりして動いていれば「船舶」として扱われますが，マリンスポーツで用いられるものにはレジャー遊具という側面もあり，海上衝突予防法が定める「船舶」にあたるかは我が国では規定があいまいです。ただマリンスポーツをするうえで，また自分で船舶を操縦しなくても，船舶から身を守る意味でも法律を理解しておきましょう。
　基本的に船の優先順位は「動きやすい船が，動きにくい船を避ける」ように規定されています。例えば，遊泳者＞サーファー＞手漕ぎボート＞セーリング＞エンジン付きという順に優先権があります。ただ，原則はあくまで原則であって危険を回避する為には順序ではなく自ら近づかない，早めに回避する様にする事が良いでしょう。リーフの多いやんばるでは喫水の関係から船が走れる航路が限られています。矛盾しているようですが小回りのきく小さい船（サーフィンやウインドサーフィン）がまず避けるのが賢明です。

2）ローカルルールってなに？

　海を使用する上で市町村で制定されている条例や地域で決められている特有のルールがあります。これらは法律ではありませんが，みんなが安全に楽しく海を使うための原則です。例えば，「岩の右側は潮の流れがあるので泳ぐ時は，岩の左側で泳ぎましょう！」というようなことも安全を維持し，混乱を避けるルールです。いわば，ローカルルールはその土地の住人やそこに通っている人達がそのプレイエリアを維持する為に決めたルールです。

　初めて行くポイントやゲレンデでマリンスポーツをする場合，地元のショップやマリンスポーツ愛好者に挨拶をして，注意する点やローカルルールなどを聞くべきで，必ずローカルルールに従いましょう。地元の出身者だから大きな顔をして良いという訳ではありません。マリンスポーツを行うことを禁止せず，行うことができるのも地元の方がビーチを管理したり，清掃するなど地域の方の理解を得れくれているおかげですし，住民の税金で地域環境の整備は行われています。ビジターは近隣の方々のやり方や生活リズムに十分配慮して，海を利用するのがマナーです。またやんばるにはリゾートホテルに隣接したビーチがいくつかあります。海面の使用や砂浜の利用については必ず確認する必要があります。

3）漁師さんとの関係は？

　海で遊ぶ場合，漁業法との関係も知っておく必要があります。漁業法は魚や貝をとったり，養殖したりすることについて，誰にどう使わせるかを決め，漁業の生産力の発展を図ることを主な目的とする法律です。漁業には漁業権漁業，認可漁業，自由漁業，遊漁などがあります。「漁業権漁業」を営む漁師さんたちは特定の水で特定の漁業や養殖業を営むことのできる権利を持っており，漁協や漁業者から「漁業権」を与えられています。すなわち「漁師さんは，漁業を営む権利を持っている」ということになります。

　海は誰の所有物でもありません。しかし漁業者の採捕又は養殖行為を妨害する行為，漁場内における採捕又は養殖の目的物たる魚貝藻類の生息や来遊等を邪魔する行為は「漁業権の侵害」あてはまります。ともかく漁師さんの

操業する近くでマリンスポーツをすること自体が「邪魔する行為」にあたる可能性があります。真剣に遊んでいてもマリンスポーツは遊びですから，漁業者とトラブルを起さないように注意しましょう。

　やんばるでは小型のボートや手こぎ船による漁も多く行われておりますし，リーフエッジでは海の中を見ながら漁をしていたり，船を走らせたまま作業をしていたりするケースもあります。作業をしている船には近付かない方が良いでしょう。リーフの中にはモズクの杭や網などが設置してあることもあり，注意が必要です。

4）波を使って遊ぶには？

　サーフィンでも，ウインドサーフィンでも，カヌーやスタンドアップパドルボード（ＳＵＰ）でもうまくなってくるとより刺激や違う環境を求めて波のあるエリアに行きたくなります。普段と異なる浮遊感や加速感，ジャンプしたりターンしたり楽しさが広がります。ただ波のあるエリアでは特有のルールがあります。最低限のものを５つだけ記載しますので必ず守りましょう。加えて優先的な種目のあるポイントやサーファーオンリーなポイントなど，場所によってルールがある場合もあり，必ず確認しましょう。自分の状況（ピークがどことか，前乗りとか）がわからないうちは邪魔にならないようにピークがある付近から離れて乗りましょう。

①ワンマン　ワンウェイブ

　同じ方向に向かう一本の波には，一人しか乗ってはいけません。これはサーフィンのルールの中でも基本中の基本で世界共通のルールです。

②前乗り（ドロップイン）はしない

　波のピークに最も近く，１番最初にテイクオフ（立とうとしている，波に乗ろうとしている）した人が優先です。つまりピーク（波が最初に崩れるところ）から最初に波に乗った人に，波に乗る優先権があります。波の途中から乗るのが「前乗り」で，間違って前で乗ってしまったら，すぐにボードから降りて，謝ります。

③横取り（スネークイン）に気をつける

　テイクオフしようとしているサーファーの波に，アウトサイドや横から乗ろうとするのはやめましょう。

④波に乗っている人の進路を妨害しない

　ゲッティングアウト（アウトに出ること）や波待ち時に，波に乗って来る人のライン（進路）に入らないように注意しましょう。波に乗ってくるコースを把握し，迂回してゲッティングアウトや波待ちをしましょう。

⑤混雑したポイントを避け，大勢で入るのはやめましょう

　波のいい所は限られているので，どうしてもよいポイントは混雑します。すでに多くの人が入っているポイントは安全面，マナーの観点から遠慮すべきでしょう。また旅行中や友達同士で海に行く場合，どうしても数名で固って，一つのポイントに入りがちです。ポイントを占領するような入り方は避けましょう。当然ですが，駐車方法や騒音などにも配慮が必要です。

5）避けるべき場所

　海で遊ぶうえで，下記の場所は安全の観点から入水や接近を避けましょう。

　①航路

　②国際取引のある港湾区域

　③停泊中の本船（小型船舶でない大型船）30 メートル以内

　④プレジャー船の立入を認めて居ない港（漁港含む）

　⑤条例により入水や立入りが禁止されている場所

　⑥湖水等の権利水域

　⑦排水口の周辺

　⑧工場の周辺

　⑨定置網の中や固定ロープの周辺

　⑩網の指標ブイや養殖イカダの周辺

　⑪潮流の速いエリア

　⑫急流河川や滝の周辺

⑬釣り人が多い磯や岸壁周辺

⑭管理釣り場

⑮海水浴場内

4．やんばるのポイント紹介

　どこの海でもそうですが，風と波によって海は様々なコンディションに変化します。

　ご存知のように沖縄は「島」であり，やんばるには東海岸も西海岸もあり，1時間も移動すれば多様なコンディションの中から波や風の向きに合わせて適地を選択できるという利点があります。たとえばウインドサーフィンの場合，西海岸でオフショアがきつく出艇するのは危険だと判断されても，東海岸に移動すればオンショアで流される心配は減少します。海岸の向きが変わるだけで波や風の強さ，大きさはすごく変化します。西海岸に波がなくても東海岸には波が入っていたりします。

　ポイントを紹介する上で楽しむ人の技量が大きく関係します。波が大きい時や風が強い時などのハードコンディションは上級者にとって良いコンディションとなりますが，初心者にとっては難しいコンディションとなります。初心者のうちはこの見極めがわからず，みんなが入っているからと言って軽い気持ちで入水することは大きなトラブルとなります。

　特に沖縄のマリンスポーツでは潮の干満，潮流，ポイントへのアクセス，リーフの場所には注意が必要です。これらの状況はベテランと言えども慣れないポイントでは判断しにくいものです。適所を選ぶことが重要であり，よりやんばるの大自然を満喫できる第一歩です。

　やんばるには波の立つポイントが無数にあり，いつも同じゲレンデで楽しむのではなく季節や風向，潮の干満，波の向きによって良質なコンディションを求めてローカル（そこをホームポイントととして活動する者，ここではやんばるをホームポイントとして活動する者）は入水する場所を頻繁に変えます。そのため，だれでも受け入れてくれる素地はあります。ただ沖縄の海は，

リーフが浅く，リーフの外は深紺の外洋，とにかくハードなんです。海に入る前に必ずローカルサーファーやローカルセーラーとコミュニケーションをとり，情報を得ましょう。これがポイント選びで，最も大切だと思います。

　下記にやんばるのポイントを①コンディション②アクセス③周辺情報の順に２つだけ紹介します。他にも紹介したいポイントはあるのですが，マリンスポーツではその日のコンディションや技量によって最適のポイントが変化します。必ずここが良い！とならないところがおもしろさであり，難しいところです。下記に示すポイントは比較的入りやすく，これからマリンスポーツを始めようとする方や県外の方にも遊びに来てほしいポイントです。沖縄の人にとって海は生活の場でもあります。ポイントを探す際は駐車場，ゴミ，騒音などに特に気を配りましょう。波をチェックするだけでも朝早い時間に大勢で車を乗り付けて，大きな声で会話をすべきではありません。暑いからと言って上半身，裸に近い恰好でウロウロする方を見かけますが，これは不適切です。例えば都内の住宅街の庭先や家が密集する路地に上半身裸の人がいたらおかしいと思いますよね？海に入る場合も常に人や環境，場所に対してリスペクトする気持ちを忘れずに行動したいですね。

１）名護市21世紀の森ビーチ（図２・図３・図４参照）

　①主に春から夏（沖縄の場合は4月から10月）にかけて活躍するビーチです。公園になっていてバーベキューエリアもあり，ファミリーでも活用できます。夏場は海水浴エリアが設置され，名護市が管理するビーチなので砂浜がきれいで，衛生的です。夏場は海水浴客，朝夕は地元の方の健康づくりやウオーキングエリアとしても利用されています。

　ウインドサーフィンなら南東から南，西風まで幅広く対応します。堤防の内側は水深が浅くフラットなので初めて訪れる方でも気軽に楽しめます。沖のリーフは遠く，水深が深いので基本的に潮の干満に影響されにくく時間の制約がありません。そのため旅行者の利用も多く，スラロームやフリースタイルのゲレンデとしても人気があります。またフォーミュラボードやコース

レースボードのようなセンターボードやフィンが大きいボードでも広い海面を存分に使えます。ＳＵＰでクルージングすらなら名護湾を見渡すことができます。基本的にフラットでサーフィンには不向きですが，沖は西からのうねりが入ります。台風で他のポイントがクローズしている時にいい波が入ることがあります。

　②高速を許田で下りて国道58号線を北上して15分くらい。名護市営球場，ラブビー場，野外ステージ等のある大きな公園の中にあるビーチです。トイレ，シャワーがあり，駐車場も広くて安心です。

　③名護の市街地が近いので飲食店が豊富にあります。ホテルが隣接し，大型スーパーへのアクセスも良く，買い物にも困りません。やんばるにある公立大学名桜大学は，ここのビーチを使用して「ウインドサーフィン」の授業

図2　名護市21世紀の森ビーチ

図3　21世紀の森ビーチのポイントマップ　　図4　名桜大学講義風景

を行っています。

2）津波（ツハ）（図5・図6・図7参照）

　①沖縄県を代表するウエイブポイントで，広いビーチと古宇利島を眺めながら解放感を存分に楽しめます。リーフブレイクですがリーフが深いため，やや浅くなってからの方が波の形が良く，メローでグリグリ巻いてこないうねりが特徴です。サイズアップしても安心して楽しめるし，左右の波がつながればかなりのロングライドが可能となります。レストラン「マリン」前がベストポイントで，出艇場所からウエイブポイントまでは少し距離があり，風上に上る必要はありますが，ウインドサーフィンなら難なくいけます。北から北東がサイドになるので冬のシーズンに適しています。手前の共栄スー

図5　津波のポイント（向かって右の奥で乗る）

図6　ツハのポイントマップ　　　図7　ツハでのSUP（波消しブロックの前）

パーの前の波消しブロックの沖もうねりが入ります。潮の干満を気にしなく
ていいので，波があれば風の状況によってサーフィン，ウインドサーフィン，
ＳＵＰを使い分けることも良いでしょう。アウトに出れば大きなうねり，開
放感のある海を存分に楽しめます。

②国道58号線を北上し，名護市内，屋我地を通過して平南橋を通り過ぎ
たら，前田食堂が右側に見えてきます。店舗に向かって左側が駐車できるス
ペースになります。駐車場は広いのですが，昼時はかなり混雑しますので駐
車する場所には注意が必要です。トイレ，シャワー等の設備はありません。

③隣接する前田食堂は地元の人にも人気のある定食屋さんで，にんにくの
きいた牛肉そばが海で冷えた身体にお勧めです。

文献
月刊ハイウインド編集部（1982）月刊ハイウインド第3巻第1号，マリン企画，5-23.
平野貴也（2012）ウオーター・スポーツ・プログラム：星野敏男・金子和正監，野外教
　　育入門シリーズ「海辺の野外教育」．杏林書院,99-100.
宮崎景（2015）ルール＆マナー：平野貴也編，日本スタンドアップパドルボード協会公
　　認ベーシックインストラクターテキスト第2版．日本スタンドアップパドルボード
　　協会,9-12.

やんばるの海洋教育

遠矢 英憲　*Hidenori Tohya*

陸地中心主義への反省

　地球は「奇跡の水の惑星」と言われており，生命は海から誕生し進化したと考えられています。そこで，海洋は「生命の母なる海」と表現されることもあります。

　しかしながら，人間にはエラがなく水中では呼吸ができないので，生活の多くの時間を肺で呼吸ができる陸地で暮らしてきました。その結果，全体的に私たちの視点は，陸地中心主義に偏ってしまっているのではないか，海洋文化を置き去りにしてしまったのではないかという意見があります。特に四方を豊かな海で囲まれた国土を有する私たち日本人は，陸地と同様に海洋にもっと目を向けていかないといけないのかもしれません。

　例えば，「日本は資源の少ない，小さな国」という表現がありますが，これは陸地中心主義に偏った見方ではないか，全体的にはバランスが取れていないのではないかと言われたりします。これは本当でしょうか。データをもとに確認してみましょう。

　まず，日本の国土面積を調べてみると，約 38 万 km^2 で世界の中で 60 位です。世界の国は約 200 カ国[注1] ありますので，上位 1/3 あたりです。こうしてみると，世界の国々の中で特に小さいというわけではないけれども，特別に大きな国でもないといった感じでしょうか。しかし，これは陸地にだけ注目した結果です。

　ところが，国の管轄水域（内水を含む領海と排他的経済水域〈EEZ：Exclusive Economic Zone〉と合わせた水域）となると，面積は約 447 万

km^2 で一気に世界第 6 位の広さとなります。ちなみに，国土と領海，排他的経済水域を合わせると約 485 万 km^2 で世界第 9 位です。日本が海洋国家と言われる所以は，こういった事実に由来します。

　実際，私たちは古来より，これらの広い海洋を漁や採取，交通・交易路，余暇活動の場などとして，多くの恩恵を享受してきました。さらに，近年ではこれらの海洋に豊富な資源（エネルギー・鉱物資源）が存在していることにも注目が集まっており，メタンハイドレート，石油・天然ガス，海底熱水鉱床等の豊かな資源確保も重要事項であるとされています。

　つまり，陸地だけに注目した場合，確かに日本は資源が多い，大きな国とは言えないかもしれません。しかし，それは少し視野狭窄な考え方であり，視野を広げて海洋国家としての視点に立てば，面積の観点でも，資源の面でも「日本は資源が豊富な，特別に大きな国」としてこの地球上に存在していることが分かります。陸地中心主義で考える場合と，海洋までを視野に入れて考える場合では，ものの見方や考え方が全く異なってくることが分かりますね。

　さらに付け加えると，日本の海岸線の総延長は約 3.5 万 km と世界第 6 位であり，島の数は 6,852 島（沖縄県は 363 島で全国第 5 位）で，有人島は421 島（沖縄県は 40 島で全国第 2 位）と非常に多くの島嶼（島々）が存在しています。また，北は亜寒帯の海，南は亜熱帯の海まで非常に多彩な海洋を有しております。世界でもこのような国はとても稀有な存在です。

　このような地理的背景をもとに我が国は海洋国家と呼ばれていて，私たちの日常には多くの海洋文化が存在しているのです。

海洋教育に対する社会的要請

　近年では，さらに積極的に海洋文化の教育を行うことで「海洋立国」を目指そうというムーブメントがあります。

　具体的には，2007（平成 19）年 7 月 20 日に「海洋基本法」が施行され，その中で明確に海洋教育を推進することが示されました。さらに，2008（平

> 表1　海洋基本法（抜粋）
>
> （海洋に関する国民の理解の増進等）
>
> 第二十八条　国は，国民が海洋についての理解と関心を深めることができるよう，学校教育及び社会教育における海洋に関する教育の推進，海洋法に関する国際連合条約その他の国際約束並びに海洋の持続可能な開発及び利用を実現するための国際的な取組に関する普及啓発，海洋に関するレクリエーションの普及等のために必要な措置を講ずるものとする。
>
> 2　国は，海洋に関する政策課題に的確に対応するために必要な知識及び能力を有する人材の育成を図るため，大学等において学際的な教育及び研究が推進されるよう必要な措置を講ずるよう努めるものとする。

成20）年3月18日には「海洋基本計画」が閣議決定され，海洋教育の施策をスタートしました。そして5年後の2013（平成25）年4月26日，この計画は時代に合わせて大幅改定して閣議決定され，現在はこの新しい「海洋基本計画」のもとで海洋教育が推進されています。

　この新しい教育概念について，吉田（2014, p.3）は，「海に触れ，海を知り，海を理解することによって，新たな海洋文化の形成を志す次世代をしっかりと育てることが海洋教育」であると述べています。

　また，海洋教育は，教科横断的かつ課題解決型の新しい教育テーマとされていて，「総合的な学習の時間」や「アクティブ・ラーニング」など，現在注目されている教育的課題に大きく貢献する可能性も期待されています。

沖縄の海洋教育

　さて，沖縄県における海洋教育の環境や実施状況はどうなっているでしょうか。

　海洋教育の実施にあたって，海洋政策研究財団（2014, p.97）は，「海洋教育の実施においては，学校のロケーションが大きく影響している」と報告しました。そして沖縄県は，学校と海との距離に関して，徒歩15分程度の割

合が 50.5％であり，長崎県についで全国２番目に海までの距離が近いとの結果を報告しています。その結果，総合学習など教科以外で実施している学校は，回答校のうち 43.8％と全国で最も高い割合となっています。

　沖縄県の学校は海が近いので，実践的な海洋教育を実施している割合が日本で最も高いという結果ですね。

表２　海洋教育を教科書の範囲内と教科以外で実施している県の順位

教科書の範囲内での実施						総合学習など教科以外での実施					
多い			少ない			多い			少ない		
1位	秋田県	80.4%	1位	沖縄県	39.0%	1位	沖縄県	43.8%	1位	埼玉県	5.5%
2位	福島県	76.3%	2位	岡山県	45.8%	2位	岡山県	39.0%	2位	山梨県	5.6%
3位	茨城県	77.2%	3位	大分県	46.6%	3位	長崎県	34.4%	3位	茨城県	7.5%
4位	埼玉県	72.6%	4位	鹿児島県	47.1%	4位	徳島県	34.3%	4位	福島県	7.9%
5位	佐賀県	71.2%	5位	山形県	47.9%	5位	鹿児島県	32.7%		宮崎県	7.9%
6位	千葉県	70.8%	6位	京都府	48.1%	6位	和歌山県	32.3%	6位	秋田県	8.9%
7位	富山県	68.5%	7位	徳島県	49.3%	7位	岐阜県	29.9%	7位	滋賀県	10.1%
8位	滋賀県	68.1%	8位	兵庫県	63.2%	8位	京都府	28.4%	8位	千葉県	11.8%
9位	愛媛県	67.3%	9位	岐阜県	53.5%	9位	大阪府	28.3%		鳥取県	11.8%
	宮城県	67.3%	10位	長崎県	55.2%	10位	熊本県	28.1%	10位	富山県	12.4%

［出典：海洋政策研究財団（2014）海洋教育普及の実現に向けた戦略的研究及び条件整備報告書〜次期学習指導要領改訂へのロードマップ〜．p.9］

　次に海洋教育の質を支える海洋文化について考えてみましょう。

　沖縄県の行事は，旧暦で行われることが多いですね。沖縄県各地で実施されているハーリー（ハーレー），浜下り，旧正月，生年祝い，清明祭，畦払い，ウークイ，ナカビー，ウンケー，初ムーチー等多くの年中行事が，現在も旧暦で行われています。

　旧暦は，太陰太陽暦といって，太陽の動きだけでなく，月の動きも考慮して出来ている暦です。そして月の動きは，海の潮汐に関係しています。ですから，沖縄のウミンチュは，出漁前に，特別な計算方法を使用したりして，旧暦から潮回りや干満時間，海の様子を確認することができます。

　つまり，旧暦を元にした多くの年中行事は，沖縄が特に海に関係した文化を有し，これまでずっと海とともに暮らしてきたことを示しているのです。

　このように沖縄県は，学校のすぐ近くに豊かな海があり，日常生活の中に多くの身近な海洋文化を有していることから，実践的な海洋教育に関して全

国を牽引しているのではないかと考えられます。

やんばるの海洋教育環境

　やんばる地域の海や海洋文化は，非常に高い可能性を有していると言われています。

　例えば，やんばる地域には「太平洋」「日本海」「内海」の３つの海が存在しています。また，比較的面積が狭い離島がいくつか存在しています。違う特徴を持った海や東西南北全方向に面した海を有しているというのは，実践的な海洋教育を行う際にとても重要なことです。海のフィールドは風など，気象や海象に対して影響を受けやすいからです。気象や海象が変化すると，状況によっては延期や中止をしなければならないことも多いのですが，このように多くの海や多方向の浜を有していると，近くの代替の場所で実施できる可能性が高くなります。

　さらに，実践的な海洋教育は豊かな海さえあれば実施できるものではありません。人工的な施設や組織のバックアップが不可欠です。

　そういった観点で見てみると，やんばる地域はエリア内に沖縄美ら海水族館や海洋文化館等を有する海洋博公園があります。また，SCUBA ダイビング・スノーケリング等を楽しむことができる崎本部緑地公園や各地域のビーチ等の人工施設が徐々に充実してきています。

　さらに組織を着目してみると，海洋文化に関する組織として，国際海洋環境情報センター（GODAC：ゴーダック）のような国立機関や沖縄美ら島財団などの公益法人が，海洋教育に関する活動を行っています。最近では，2015 年におおぎみブルーツーリズム地域協議会が設立されるなど，さらに地域に密着して活動を行う組織が増えてきています。また，フーカキサバニ等の民間組織の活動もとても盛んです。名桜大学の学生はこれらの施設や組織の力を借りながら，安全で豊かな海洋教育活動を実践し，学びを深めています。

　このように，やんばる地域は沖縄県の中でも特に優れた海洋教育フィール

ドとして注目されています。今後，ハード面やソフト面をさらに学習者が使
用しやすいように整備し，連携を深めていくことで，日本国内はもとより，
アジア，世界を代表する海洋教育フィールドの地位を占めることができると
考えられます。

実践的海洋教育を普及するための課題～安全管理と安全教育～

　これまで見てきたように，実践的な海洋教育は多くの可能性を秘めていま
す。しかしながら，同時に多くの課題も抱えています。その中で最も重要な
課題の一つが安全管理，安全教育に関する問題です。

　全国の小中学校を対象に行われた大規模調査の結果，図1に示されている
ように，我が国においては東日本大震災をきっかけとして，多くの教員が海
洋教育の重要性について理解を示しています。

　しかしながら，図2に示されているように実際には多くの場合，教科書の
範囲でのみ海洋教育を取り扱っており，実践的な海洋教育の実施はまだまだ
少ない状況です。前掲した表1では，沖縄県が実践的海洋教育の実施率が全
国1位であることを示しましたが，それでも半分以上の児童生徒は，実践的
海洋教育を受ける機会に恵まれていないことが分かります。

　このことについて現場の教員に話を聞いてみると，「実際に海へ行き，
フィールドワークを行うことによる教育効果が高いということは十分に分か

震災で海の学習が大切と考えるようになった	度数(人)	割合(%)
1　はい	5,579	83.2
2　いいえ	994	14.8
無回答	132	2.0
その他	1	0.0
計	6,706	100.0

図1　海の学習は重要と思うか？

るけれども，水難事故のリスクを考えると実施したくても，なかなかできないというのが実態です。」という意見をよく耳にします。すなわち，実践的な海洋教育を普及しようした場合，多くの教育関係者が安心・安全だと認め，かつ実践できるところまで，安全管理，安全教育プログラムの質をあげることが不可欠なのです。

　我が国では海洋での授業において，過去，三重県津市の女子中学生 36 名が水泳訓練中に溺死したという大事故が発生しています。また，他にも多くの水難事故が教育活動中に発生しました。その結果，一時期は隆盛を誇った臨海学校はほとんど耳にすることがなくなり，多くの海のフィールドワークが実施されなくなってきました。

　こういった水難事故はどんなに厳しい海の環境で発生しているのかと，実際に現場に足を運んでみると，日頃は非常に穏やかな海で，老若男女のあらゆる人々が心地よく活動しやすい豊かな海域であることに驚かされます。つまり，事故現場がいつも危ない場所であるのではなく，むしろ，こういった事故が発生する場所は，日頃大変穏やかで活動しやすいエリアであることも多いのです。おそらく，このようなエリアでの事故発生時には，海況が人の想定を超えて急変し，その変化が個人や集団が対応できる能力を超えた場合に水難事故が発生しているのではないかと考えられます。

海洋教育の実施状況	度数（校）	割合（%）
1　未実施	922	13.7
2　教科書の範囲	4,213	62.8
3　総合でメインテーマに	340	5.1
4　総合でトピックスに	695	10.4
5　教科と総合の連携	78	1.2
6　課外	221	3.3
無回答	237	3.5
その他	0	0.0
計	6,706	100.0

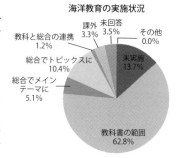

海洋教育の実施状況

課外 3.3%　未回答 3.5%

教科と総合の連携 1.2%　その他 0.0%

総合でトピックスに 10.4%　未実施 13.7%

総合でメインテーマに 5.1%

教科書の範囲 62.8%

図2　海洋教育の実施状況

[図1，図2出典：酒井英次（2013）学校教育における海洋教育普及の具体的方策—次期学習指導要領の改訂に向けて—．海事交通研究，62：p.5.]

こういった事故を予防し，回避するためには，過去の事故を丁寧に検証するとともに，同じタイプの事故を起さないための安全管理体制の構築や安全教育プログラムをさらに発展させていく必要があります。

まとめ〜美ら海と共に生き，地元の海洋文化を世界に発信できるワラビンチャーを育てたい〜

　本稿では，全国に先駆けて実践的な海洋教育を実施している沖縄県の姿について紹介をしてきました。しかしながら，これらの取り組みは始まったばかりで，その質的な中身についてはさらに改善を続けていく必要があると考えられます。

　このことに関して，私たちが目指すべき次のステップについて，実践的な海洋教育を行っている学校現場の教員が，次のように具体的事例をあげて示してくれています。

　　　本校[注2] 児童が交流先の北海道旭川小学校へ行く場合，スキーをおこなう。その時，旭川の児童は，沖縄の子にマンツーマンで付いてくれ，ウエアーの付け方や，スキー靴のはき方等教えてくれる。また，スキーの滑り方も手取り足取り教えてくれる。スキーというスポーツが雪の北海道では生活の1部として行われているのを実感した。さて，私たち沖縄のことを考えてみると，夏に旭川から北海道の子が来たとき，私たち沖縄の子，そして私たち大人は，何をしてあげられるのだろうか。ほとんど何も伝えられない。悲しいけれど，それが沖縄のマリンスポーツの実情である。世界的にみても美しいと言われている沖縄の海。ダイビング雑誌などでも毎月沖縄が特集されるほどの海。また，多くの観光客が沖縄の海を目当てに訪れている。しかし，沖縄に住んでいる子ども達はもちろん，私たち大人も，海と言えば，人工のビーチしか知らず，珊瑚や熱帯魚を自分の目で見ることなくすごしている。（赤嶺ほか，2008，p.45）

　沖縄に住んでいる子どもたちは，そして大人たちは，こんなに美しい海が
すぐ目の前にあるのになぜ海に入らなくなったのか。その経緯を色々な方に
聞いてみると，今とは違って，オジー，オバーが子どもの頃には，多くの子
どもたちが海で遊んでいたようです。しかし昔も今も海が危険であることに
変わりはありません。残念なことに多くの悲惨な事故が発生してしまった。
そこで「海は危険なところ」というイメージが定着し，徐々に海から遠ざかっ
ていったようです。

　水難事故を防ぐためには，まず「海を甘くみないこと」がとても大切なこ
とですから，現在は最初のステップである「海は危険なところである」とい
う大変重要な基本的認識に，沖縄の社会が到達していると言えます。とする
と，海洋教育の次のステップは「全ての危険を避けるのではなく，危険な状
況の中でも安全に活動する能力を育成する」というところになってくると思
います。

　本学スポーツ健康学科においては，学生と教職員が，地元の皆さんや専門
家，企業や組織の皆さんと連携協力し，これまで以上に多くの実践研究，教
育活動を行いながら地域貢献していきたいと考えています。そして，さらに，
県外に対しても良いお手本となる先駆的事例を示しながら，日本全国，また
海外へも実践的な海洋教育情報を発信していきたい。やんばるの海洋教育を
通じて，グローバル[注3] な地域づくりに貢献していきたいと考えています。

注
1）日本が承認している国の数は，日本を含めて 196 か国。国連加盟国は 193 か国。（平
　　成 28 年 9 月 30 日現在）
2）琉球大学教育学部附属小学校
3）グローバルとローカルを合わせた造語で，「地球規模の視野で考え，地域視点で行動
　　する（Think globally, act locally）」ということを示しています。

文献

1）赤嶺智郎，飯田こずえ，小島哲夫（2008）小学校水泳授業におけるスノーケリング
　授業実践　～豊かな沖縄の海を，沖縄の子ども達に安全に体験させたい！～．琉球
　大学教育学部教育実践総合センター紀要，15：p.45-51.

2）荒木昭好，佐野裕（1993）はじめての着衣泳―服を着たまま泳ぐサバイバル・テクニッ
　ク．山海堂.

3）海洋政策研究財団（2014）海洋教育普及の実現に向けた戦略的研究及び条件整備報
　告書～次期学習指導要領改訂へのロードマップ～.

4）酒井英次（2013）学校教育における海洋教育普及の具体的方策―次期学習指導要領
　の改訂に向けて―．海事交通研究，62：p.3-12.

5）日本財団，海洋政策研究財団（2012）小中学校の海洋教育実施状況に関する全国調査.

6）吉田章（2014）基調講演「海洋教育と野外教育」．平成26年度名桜大学総合研究所
　海洋教育国際シンポジウム報告書　p.3-8.

やんばるの体育教育

田原 亮二　*Ryoji Tahara*

　体育は小学校，中学校，高等学校を通じて好きな教科の1・2位を争う人気の教科であり（ベネッセ教育研究開発センター，2007），この本を読んでいるみなさんの中にも体育の時間を心待ちにしている人がたくさんいると思います。本章では，やんばる地域における体育教育について，その歴史と成り立ちを振り返るとともに，これまでの体力テストや泳力調査の結果からやんばる地域の子どもたちの運動能力について眺めていきたいと思います。

　学校で行われる体育の始まりは，明治5年（1881）に公布された「学制」にあるというのが通説となっています。ただし当時の教科名は「体育」ではなく「体術」という名称で先生や生徒の間では認識されていたそうです。そして，この「体術」という名称は実際に行われていた授業の内容に合わせて「体操」という名称に変化していくこととなります（成田編，1988）。さて，この頃の沖縄県はというと置県当初であり，学校に通う子どもたちも少なかったことから，「体操」の授業は行われていなかったという記録が残っています（沖縄県体育協会史編集委員会，1995）。その後，徐々に教育環境が整備されていきますが，明治18年（1885）に初めて沖縄県立第一中学校（現首里高等学校）で「体操」の授業が行われるまで，実に13年もの時間を待つこととなります。ただし，沖縄県だけが遅れていたわけではなく，全国的に運動場や体操を指導できる先生が不足していたため「体操」の授業が行われるまでには年月を要していました。その後，日清戦争などがあり，「体操」の授業は停滞することとなりますが，戦争後に先生たち向けの講習会が盛ん

に行われるようになり，それに合わせて「体操」の授業も充実していくこととなります。特にやんばる地域は国頭郡長自らが希望して講習会を開催していたそうで，「体操」に力をいれていたことがうかが窺えます。

　大正期に入ると欧米諸国から伝わってきた，みなさんにもなじ馴染みのあるスポーツ種目が「学校体操教授要目」の改正（1926）により止式に「体操」の内容として採用されるようになります。この背景にはオリンピックへの参加（1912）を通じてスポーツへの関心が高まっていたことが挙げられます。現在，沖縄県内で盛んに行われているバスケットボールは大正10年（1921）頃に玉城亀寿さんによって紹介され，「体操」の授業に取り入れられ普及していったとされています。

　本章にて扱っている体育の創生期から大正を経て昭和初期にいたるまで，やんばる地域よりも南部において学校体育が充実していたことは現存する資料からも明らかです。だからと言って，やんばる地域の体育教育が貧弱だったかというとそんなことはありません。明治中期から県内各地で運動会が盛んに開催されていくのに先んじて，国頭郡でも名護兼久の馬場（馬術の練習場）にて運動会が恒例行事として行われていた記録が残っています。また，郡単位にとど留まらず各村単位で盛大な運動会が行われていたこともやんばる地域の特色と言えます。これらの運動会は学校が主体となって運営するのではなく，地域の青年団（会）によって運営されていました。そして，大正5年（1916）に国頭郡青年団で「体育奨励のために各村で運動器具を設置する」ことが決められたことからも，学校単位ではなく地域ぐるみで体育教育が行われていたことが推察されます。さらに昭和5年（1930）に発刊された『沖縄教育』では国頭村の知花是明さんが「我が国特に沖縄では体操や運動は生徒のみがやるべきものだと考えている人が多いようであるが甚だしい妄想である。学校を卒業して実業に従事している人々こそ切実に必要なのである」と論じています。これは現在行われている体育教育の目標に掲げられている「生涯にわたって豊かなスポーツライフを継続する資質や能力を育てる」に通じる考え方であり，100年近く前にこのような考えを持つ人がい

たということは，やんばる地域の体育教育がいかに先進的であったかを示す証拠と言えるでしょう。

　ここまでは，かつてのやんばる地域の体育教育の特色について歴史とともにふり返ってきました。ここからは現代のやんばる地域の子どもたちの運動能力について，県全体と，泳力については沖縄県以外の地域も含めて比較しながら見ていきたいと思います。比較に使用しているデータは沖縄県教育委員会がまとめている『児童生徒の体力・運動能力・泳力調査報告書』の平成３年度から平成25年度版（平成６年度と平成７年度は欠損）から抜粋しました。運動能力は５年ごと，泳力は３年ごとを目安に結果を作成してあります。残念なことに高校生のデータは地域ごとにまとめられていなかったため，掲載する結果は小学生と中学生のものだけになります。

　図１から図３はそれぞれ６歳，11歳，14歳の50m走の記録です。年度によって逆転することもありますが，全般的にやんばる地域のタイムが良い

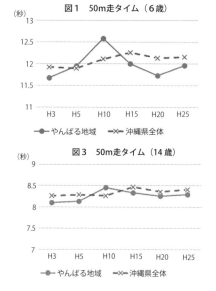

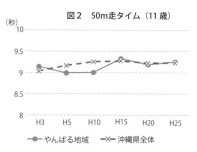

図１〜３　やんばる地域と沖縄県全体における50m走タイムの平均値（６歳・11歳・14歳）

ことが分かります。直近の平成25年度では，やんばる地域の6歳の平均は
12.0秒であり，沖縄県全体では12.2秒で0.2秒やんばる地域の方が速い結
果でした。また，11歳ではやんばる地域9.3秒，県全体9.2秒で県全体が0.1
秒速く，14歳ではやんばる地域8.3秒，県全体8.4秒でやんばる地域が0.1
秒速い結果でした。3つのグラフを眺めてみると，6歳の時は県全体との差
が大きく，学年が進むにつれ差が縮まってきている印象があります。このこ
とから分かるやんばる地域の子どもたちの疾走能力の特徴として，全般的に
は沖縄県で上位に位置し，特に小学校低学年が優れているが，学年が上がる
につれ伸び悩む傾向にあるということが挙げられるでしょう。高校生になっ
て再び県の上位に返り咲くか，はたまた県の下位に落ちてしまうかについて
は今後の調査を待つこととしましょう。

　図4から図6は6歳，11歳におけるソフトボール投げと14歳におけるハ
ンドボール投げの記録です。50m走とは異なり平成20年度の14歳以外す
べての年齢，年代で沖縄県全体を上回っており強肩ぞろいの集団であること

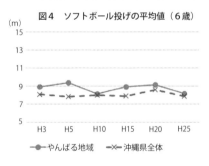

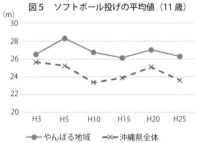

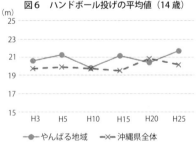

図4・5　やんばる地域と沖縄県全体
におけるソフトボール投げの平均値（6
歳・11歳）
図6　やんばる地域と沖縄県全体にお
けるハンドボール投げの平均値（14歳）

が分かります。直近の平成25年度では，やんばる地域の6歳の平均は8.2m であり，沖縄県全体では7.9mで0.3mやんばる地域の方が良い記録でした。また，11歳ではやんばる地域26.3m，県全体23.6mでやんばる地域が2.7m 遠くに投げており，14歳ではやんばる地域21.7m，県全体20.2mでやんばる地域が1.5m遠くに投げていました。年齢別に比較してみると，50m走 とは対照的に学年が進むにつれて投能力が向上していることが分かります。ハンドボール投げの記録は沖縄県全体の平均に近づいているようにも見えますし，ボールの大きさや重さが異なり，投げるフォームも多少変わるため純粋な比較は難しいところですが，投距離のバラツキ（ボールが飛ぶ人と飛ばない人の差）を考慮すると，沖縄県全体との優劣に関しては11歳の時と同等かそれ以上の差があると言って良いでしょう。

　50m走とボール投げの結果をまとめると，年齢間の変化に違いはあるものの，やんばる地域の子どもたちは俊足，強肩で運動能力は平均的に高いということが分かりました。たった2種類の結果だけでと思うかもしれませんが，「走る」,「投げる」という動作は人間が持っている基本的かつ代表的な能力です。特に「投げる」動作は身体の様々な部位を繊細にコントロールして連動させる必要があるため，俗に言う運動神経の良い悪い（巧緻性）との関係性が高いと言われています。やんばる地域の子どもたちの運動能力がなぜ優れているのかについては，様々な側面からの検討が必要ですが，古くから行われてきた地域全体での体育教育の恩恵も少なくはないでしょう。ちなみに高校生について沖縄県全体と全国との比較をするとハンドボール投げは全国平均を上回っていますが，50m走は全国平均を大きく下回っている（平成25年度）という結果が出ていますので，沖縄県内で上位にいることに満足せず，やんばるの体育教育の良いところを継承しつつ，さらなる発展を目指す役割をこの本を読んでいるやんばる地域の高校生のみなさんにはにな担っていって欲しいと思います。

　図7は平成25年度に小学3年生から中学3年生を対象に25m以上泳げ

るかどうかについて調査した結果です。中学生については平泳ぎとクロールそれぞれについて結果をまとめています。全ての学年，泳法で沖縄県全体の割合を下回る結果となりました。特徴的なのは小学3年生ではやんばる地域22.0%，沖縄県全体24.3%であり25m以上泳げる子どもの割合に大きな差は見られないものの，小学4年生になると，やんばる地域31.4%，沖縄県全体48.0%となり一気に大きな格差が生まれていることです。小学校の授業内容を示している『小学校学習指導要領解説 体育編』を見ると，小学校第3学年と第4学年における水泳の内容は「浮く・泳ぐ運動」となっています。つまり，この時期は体を浮かせる技術と泳ぐ技術の基本を身につけるわけですが，体が沈んでいく状態で泳ぎ続けるのは難しいですよね。このことから，やんばる地域の子どもたちは体を浮かせる技術の習得に苦労していることが見えてきます。

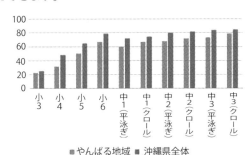

図7　やんばる地域と沖縄県全体における25m以上泳げる人の割合（平成25年度）

　今度は時間を遡って泳力の変化を見てみることにしましょう。小学生については平成25年度の千葉市，京都市，大分県のデータを合わせて掲載しました。図8は小学3年生において沖縄県全体とやんばる地域を比較したグラフです。平成16年以降に泳力が落ちているのが気になりますが，沖縄県全体の傾向と大きな違いは見当たらず，この段階での泳力の差は無いと言えそうです。ただし県外の地域と比較すると劣っていることが分かります。図

　9から図11は小学6年生，中学3年生の平泳ぎとクロールの結果です。多少，例外もありますが，ほとんどの年次で沖縄県全体の割合を下回る結果となっています。県外の地域との比較については，小学6年生の段階では千葉市，京都市から大きく遅れをとっていることが分かります。陸の上では運動能力で沖縄県全体を上回っているやんばる地域の子どもたちですが，ここ20年

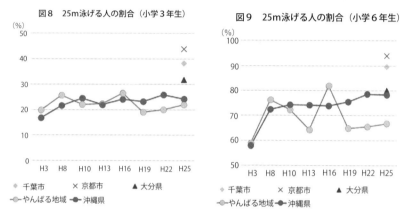

図8・9　やんばる地域、沖縄県、その他地域における25m以上泳げる人の年次変化（小学3年生・小学6年生）

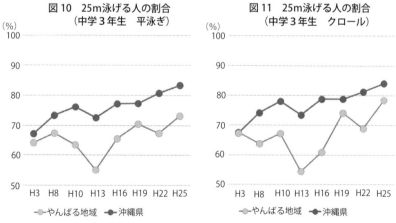

図10・11　やんばる地域と沖縄県における25m以上泳げる人の年次変化（中学3年生 平泳ぎ・中学3年生 クロール）

74

に限定して言えば泳ぐのが苦手な子どもが多いようです。では，やんばる地域の子どもたちが泳げないのには，どのような理由が考えられるのでしょうか。図8から図11のグラフを眺めてみると，調査開始当初の平成3年度に関しては沖縄県全体と比較して泳力に遜色は無いように見えますが，平成8年度から平成13年度あたりから雲行きが怪しくなってきます。もしかしたら，この時期にヒントが隠されているのかもしれません。

　図12から図14は沖縄県と全国のプール設置率を学校種別に比較した結果です。小学校と中学校のプール設置率が全国と比較して低いのが一目瞭然ですが，一方で高等学校におけるプール設置率が100％を誇っているのが特徴的です。この件に関して沖縄県教育委員会保健体育課に伺ったところ，「公立の学校に関して言えば，小・中学校の運営は市町村の管轄であり，高等学校は県が運営を管轄します。プールの設置には莫大な予算が必要であり，また市町村と県では使えるお金に大きな差があるため，このような結果になっ

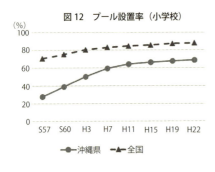

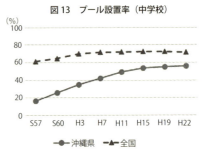

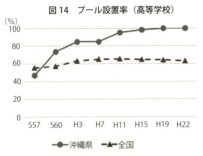

図12～14　沖縄県と全国のプール設置率（小学校・中学校・高等学校）

ていると考えられます」ということでした。泳力を伸ばすためには，初期段階でつまずかないことが理想的なのは間違いのないところであり，小・中学校こそ十分に練習できるような学習環境を整えるべきなのですが，なかなか現実は思うようにはいかないようです。

　やんばる地域の中心である名護市には平成27年現在，小中一貫校を1校含めて，小学校が13校，中学校が8校あるのですが，このうちプールが設置されている学校は中学校で2校，小中一貫校で1校の合計3校しかありません。割合にすると15％にしか過ぎません。調査をしてみたところ以前は半数近くの学校にプールが設置されていたことが分かり，そしてそれらの多くは昭和40年（1965）頃に竣工されていました。あまり知られていないことですが一般的にプールの耐用年数（寿命）は30年とされています（青柳，2012）。ましてや塩分を多く含んだ風雨にさらされることの多い沖縄県では，その寿命はさらに短くなることが予想されます。そして傷んだプールを修理するのにはたくさんのお金が必要となるため，やむなくプールを取り壊す学校が増え，現状に至っているようです。プールが無くなった学校は近隣の学校のプールを借りたり，公共のプールを利用するなどして対応しているそうですが，移動にかかる時間などを考えると，満足のいく練習が出来ないのは明らかです。このようなプールの設置状況とやんばる地域の子どもたちの泳力低下のタイミングの一致は偶然とは思えません。

　さて，練習環境が無いことを嘆いていても泳げるようにはならないので，最後に水泳を効率よく習得するためのスノーケリングを利用した水泳指導法を紹介しましょう。スノーケリングはマスク，スノーケル，フィン（足ひれ），ジャケット（浮力体）の4種類の用具を使用して行うマリンスポーツです。名桜大学ではこれらの用具をプールでの水泳指導に応用し，近隣の小・中学生に水泳指導を行っています。泳げない理由のひとつが「体を浮かせる」技術の不足であることは先に示した通りですが，それ以外に「息つぎ」でつまずく人が多いことも容易に想像がつくと思います。スノーケリングの利点として，マスクとスノーケルを使用することにより，水に対する恐怖感，嫌悪

感が軽減され，伏し浮きの状態のままで呼吸を続けることができる点が挙げられます。「息つぎ」は水泳指導における大きな障壁のひとつですが，マスクとスノーケルの使用によってプル動作（手のかき）とキック動作に専念することができるようになり，技術の習得を助けてくれます。また，技能の上達には繰り返し練習することが不可欠ですが，背泳ぎを除いて水中に顔を浸けることが基本となる水泳では，呼吸が確保されていないと連続して練習することができません。しかし，マスクとスノーケルの使用がプルとキックの反復練習を可能にしてくれます。このようにしてプルとキックの技術習得が進むと，泳いでいる時の姿勢が安定してくるため，スノーケルを外した後の「息つぎ」も余裕を持ってできるようになります。そして，フィンの装着も技術の習得を後押ししてくれます。フィンをつける目的としては前に進む推進力を得ることに目を奪われがちですが，技術習得の初期段階では足に浮力が得られる効果の方が重要です。繰り返しになりますが泳げるようになるためには，体を浮かせて姿勢を安定させることが基本となります。前にグングン進むことで生徒のモチベーションがグングン推進されることも見逃せませんが，フィンの装着は沈みやすい足を持ち上げてくれる隠れた効用があります。そして，このような器材の恩恵を受けながら水泳指導法を行った結果，中学生ではたった3回の授業で25m完泳者を38％増やすことができ，小学生を対象にした授業でも同様の結果が得られています。スノーケリングを利用した指導法を取り入れている事例は，まだまだ多くありませんが，いずれも短時間で児童・生徒・大学生の泳力を伸ばすことができたと報告されています（赤嶺ら，2008；田原ら，2014；遠矢ら，2000；吉田ら，1999）。また名桜大学での水泳指導に参加した児童・生徒に行った調査からは，泳力が向上するだけでなく水泳に関する知識や，「やればできる」という有能感を高めることも分かりました。やんばる地域に限らず，嫌いという人も多い水泳の授業ですが，ここで紹介したように大学の施設や用具を利用し，学習方法を工夫することによって楽しく，効果的に技術を習得することができ，「泳ぐのが好き」という人を増やすことに繋がるのではないでしょうか。また，

こういった工夫は水泳に限らず他の運動・スポーツも同様であり，やんばる地域の体育を活性化させるためのひとつの方略となり得るでしょう。

　本章を書くにあたり沖縄県教育委員会保健体育課には資料提供など多大なるご支援をいただきました。ここに記して感謝の意を表します。

文献

赤嶺智郎，飯田こずえ，小島哲夫（2008）小学校水泳授業におけるスノーケリング授業実践～豊かな沖縄の海を，沖縄の子ども達に安全に体験させたい！～．琉球大学教育学部教育実践総合センター紀要，(15)，45-51.

青柳勧（2012）スポーツによるまちづくりを見据えた柏崎市における学校プールのあり方に関する研究　―財政支出の削減と教育効果の向上の両立を目指して―．新潟産業大学経済学部紀要，(40)，1-33.

ベネッセ教育研究開発センター（2007）学習基本調査報告書 国内調査 第4回 小学生版．ベネッセコーポレーション，26-28.

ベネッセ教育研究開発センター（2007）学習基本調査報告書 国内調査 第4回 中学生版．ベネッセコーポレーション，26-28.

ベネッセ教育研究開発センター（2007）学習基本調査報告書 国内調査 第4回 高校生版．ベネッセコーポレーション，22-25.

知花是明（1930）本県民体格向上の具体方案．沖縄教育 体育振興号，(186)，2-17.

千葉市教育委員会（2014）平成26年度 教育要覧．千葉市委員会，26.

京都市教育委員会（2014）京都市小学校児童水泳能力調査結果報告書：3-4 http://www.city.kyoto.lg.jp/kyoiku　/cmsfiles/contents/0000171/171077/suiei1.pdf（201601.09 入手）

文部科学省（2009）高等学校学習指導要領解説．東山書房，11.

文部科学省（2015）小学校学習指導要領解説 体育編．東洋館出版社，48.

成田十次郎編（1988）スポーツと教育の歴史．不昧堂出版，57-59.

沖縄県体育協会史編集委員会（1995）沖縄県体育協会史．財団法人 沖縄県体育協会，71-94.

沖縄県教育委員会（1991-1993, 1996-2014）児童生徒の体力・運動能力・泳力調査報告書．

大分県教育委員会（2014）平成25年度 大分県児童生徒の体力・運動能力等調査報告書．

大分県教育委員会，44-45.

田原亮二，田口正公，田場昭一郎，遠矢英憲，阿部健司（2014）学校体育におけるスノーケリングを用いた水泳指導の事例．福岡大学スポーツ科学研究，44(2)，51-56.

遠矢英憲、吉田章（2000）共通体育「水辺野外運動」の授業運営に関する一考察（Ⅱ）—平成11年度の授業評価—．筑波大学運動学研究，(16)，23-32.

吉田章・遠矢英憲（1999）共通体育「水辺野外運動」の授業運営に関する一考察—泳力向上の観点から—．筑波大学運動学研究，(15)，109-115.

やんばるとゴルフ

小賦 肇　*Hajime Obu*

■はじめに

　「やんばる」は，ゴルフと大変関係性が高い地域であると考えられます。そもそも沖縄は，その地理性から温暖な気候に恵まれ，一年を通じてゴルフに親しめる環境にあります。また，これまで有望なプレーヤーを輩出してきたほか，優秀なティーチングプロも存在しています。ゴルフ場でプレーに興じたりゴルフ練習場で練習をするにも，老若男女が受け入れやすい環境が整っています。沖縄は日本の中においても「ゴルフ」の環境や条件が好ましく，沖縄県民のなかには「ゴルフ」が県を代表するスポーツと認知している方が多いでしょう。しかし，ここまで親しまれるゴルフですが，沖縄へ定着するまでの背景は変則的なものであったと言われています。ゆえに，沖縄「やんばる」は，ゴルフを語らずしていられない地域なのです。本章では，沖縄におけるゴルフのはじまりから，「やんばる」に関わるゴルフについてご紹介していきます。本章をきっかけに，一層ゴルフに親しんでいただけたら幸いです。

■沖縄におけるゴルフのはじまり

　沖縄県におけるゴルフの歴史は，他に例を見ない特異な歴史を歩んできました。敗戦後間もない頃，米軍占領下の軍事基地におけるゴルフ場として始まりを見ます。現在，イオンモールライカムや中部徳洲会病院が立地している土地に，かつて沖縄では初めてとなるゴルフ場，「アワセ・メドゥズゴルフ場」が存在していました。「アワセ・メドゥズゴルフ場」のオープンは

1948年です。「アワセ・メドゥズゴルフ場」は，軍事基地の施設として建設されたため，当時の沖縄県民は使用することができず，もっぱら軍人・軍属が利用する施設であったと記録が残されています。慣れない異国の土地，しかも占領下の排他的地域に従属することを，ひと時でも忘れることができる福利厚生的な施設の意味合いがあったと考えられます。それと同時に，軍属・軍人にとっては，米国本国並みの市民生活を味わえるリッチな空間であったとも考えられます。しかし，一方で「有事に際して補充部隊が緊急に対応できる空間，いわゆるグリーン・ベルトゾーンの確保としての意味合いもあり，ゴルフ場にありながら軍事機能を担った施設の一つ」（比嘉，2012，p.25）であったと言われています。軍事基地とゴルフ場，何の関係性もないように見えますが，米国にとって両者は必要不可欠で一体なものと位置づけされていました。「アワセ・メドゥズゴルフ場」は，後に沖縄県民を受け入れることになりますが，これまで様々な形で沖縄県民に対し足跡を残してきました。しかし，「2006年4月，移設条件付返還で日米合意され，2010年7月30日をもって62年間の歴史に幕を下ろす」（比嘉，2012，p.39）こととなります。

　「アワセ・メドゥズゴルフ場」が開場して17年経過した1965年には，沖縄で初めて「民間資本のゴルフ場「沖縄カントリークラブ」がオープン」（比嘉，2012，p.43）するのでした。沖縄の企業人たちが出資し，これまで基地内でのラウンドと限られた中での楽しみを，自分たちの空間として手に入れるため，有志が結集し思いを実現させた結果でした。オープン当初は，9ホールのショートコースでしたが，「1970年には，18ホール，パー70のコースへ拡大」（比嘉，2012，p.43）されます。完成時から九州や日本全国に準じた公式競技大会が盛んに開催されました。また，1967年8月には，「中城湾を見下ろす高台に，民間2番目となる「大西テラスゴルフクラブ」がオープン」（比嘉，2012，p.45）します。9ホールのショートコースでした。「沖縄カントリークラブ」に次ぐ民間ゴルフ場として親しまれ，長年続いた泡瀬や米軍ゴルフ場主体から，民間へゴルフの場が移ってゆく発端にもなったゴルフ場でした。

　このように，沖縄におけるゴルフ文化は，戦後，米軍基地に関連して始まり民間へ移行していきます。その結果，時代とともに徐々にゴルフ文化は沖縄県民へ浸透していくことになります。「1970 年 11 月には，恩納村安富祖にチャンピオンコースの「大京カントリークラブ」がオープン」（比嘉，2012，p.105）しました。このオープンを皮切りに沖縄では，ゴルフ場建設第一次ラッシュと称される時期を迎えることになります。その時期と同調するように，沖縄ではジュニアゴルファーや男子プロや女子プロの隆盛をみることとなり，ゴルフの普及が急速に進むのでした。

■沖縄ゴルフ協会の発足

　「上地一史氏（当時：沖縄タイムス専務）の提唱で 1964 年 3 月 27 日，砂辺ゴルフ場で沖縄ゴルフ協会の総会が開催されました。初代会長に上地を選んだほか，副会長に親川光繁氏（当時：那覇港湾），安田実氏（当時：トミーモーターズ），副理事長に奥平候庄氏（当時：軍関係業），金城常弘氏（当時：金城電気），事務局長に儀間有信氏らの役員」（比嘉，2012，p.66）が選出されました。これら役員で沖縄ゴルフ協会の立ち上げをみることになります。

　協会として組織化はしたものの，当時は個人加入の同好会的な性格が強いものでした。そのため，本来，協会等の組織が実施すべき任務である，沖縄県内におけるゴルフの普及や愛好家の育成には至っていませんでした。そこで，組織の刷新が求められ，1968 年，活動内容等の見直しを図り，再スタートを切ることになります。その後，協会としての組織強化を目的に，「1969 年にはホームコースを持たない沖縄ゴルフ協会が，プレーヤー団体として九州ゴルフ連盟に加盟」（比嘉，2012，p.70）します。九州ゴルフ連盟に加盟する条件は，ホームコースを所持するとの条件があるだけに，沖縄ゴルフ連盟の加盟は，沖縄の占領下としてのゴルフの歩みが加味された結果が深く関係していたと考えられました。その後，沖縄ゴルフ協会とは別途に，1970 年に沖縄カントリー倶楽部が 18 ホールに増設したことを機に，単独で九州ゴルフ連盟へ加盟します。さらに，同年，大京カントリークラブも九州ゴル

フ連盟へ加盟することになりました。1973 年には，沖縄国際ゴルフ倶楽部もコース単独で九州ゴルフ連盟へ加盟し，その時点で，沖縄からの九州ゴルフ連盟へ加盟している加盟団体は，大西カントリークラブを合わせ4コースとなりました。そのため，「ホームコースを所持しない変則的な沖縄ゴルフ協会は，その目的を達成したとの見解から九州ゴルフ連盟を脱退」（比嘉，2012，p.70）します。その後，「1974 年4 月，上地会長が不慮の航空機事故で死亡（63 歳）」（比嘉，2012，p.70）したこともあり，沖縄ゴルフ協会は解散総会を開かぬまま自然消滅してしまいました。それからの20 年間は，九州ゴルフ連盟に加盟していた県内ゴルフ場単位でそれぞれ各種競技会に参加をし，競技力の向上を図りながらゴルフの普及に努めていったのでした。しかし，沖縄のゴルフ界を一つにまとめる意味で，1994 年8 月再び沖縄県ゴルフ協会を発足させ今日に至っています。

■やんばるは，競技ゴルファーの宝庫

　沖縄県は全国的にみて，ジュニアゴルファーにとって大変優位な環境にあります。一年中ゴルフができる温暖な気候に恵まれていることは言うまでもありません。また，ゴルフ練習場や本コース等のラウンド料金にはジュニア割引があり，さらにジュニアに帯同してラウンドする大人までも割引料金が設定されています。このようなシステムは沖縄県以外には見当たらないでしょう。大変優位な環境を背景に，多くのトッププレーヤーが育っています。そこで，沖縄県やんばる（北部地方）出身のプレーヤーを数名紹介します。

　1980 年代後半頃から沖縄県出身のジュニアゴルファーが，全国大会や世界大会の上位で躍進を始めます。特に，国頭郡東村出身の宮里聖志選手，宮里優作選手，宮里藍選手，いわゆる宮里三兄弟の活躍は，日本はもちろんのこと世界の舞台でトッププレーヤーとして功績を残してきました。幼いころから父，宮里優氏の英才教育を受け，メキメキとその才能を開花させていったのです。

　宮里聖志選手は，1991 年沖縄ジュニアゴルフ選手権（小・中学の部）で

優勝します。1994 年沖縄ジュニアゴルフ選手権（高校の部）でも優勝をか
ざり，大阪桐蔭高校を経て近畿大学へ進学しました。その後，日本ジュニア
ゴルフ選手権や日本学生ゴルフ選手権に出場しましたが，学生時代における
優勝経験はありません。その後、1999 年にはプロへ転向します。

　宮里優作選手は，小学生から大学時代まで，ほとんどのアマチュア大会で
全国制覇をしています。1993 年九州の小学生チャンピオン獲得を皮切りに，
1994 年日本ジュニアゴルフ選手権（中学の部）で優勝しました。1995 年に
は第 3 回全国中学選抜ゴルフ選手権優勝，第 2 回ジュニアカップジャパンで
優勝をかざります。1996 年には，日本代表として世界ジュニア選手権に出
場して団体戦で優勝します。1998 年日本ジュニアゴルフ選手権（高校の部）
優勝した後，東北福祉大学へ進学しました。大学では，2000 年から 3 年連
続で全日本学生ゴルフ選手権を制し，学生王座となりました。2001 年日本
アマチュアゴルフ選手権で優勝，その後，日本オープンでローアマを獲得
し，2002 年 12 月にプロ入りをしました。現在は，プレーヤーとして日本
プロゴルフツアー賞金王に手が届く実績を誇る一方，「プロゴルファー・ジャ
パンゴルフツアー選手会会長」（公益社団法人日本プロゴルフ協会，online）
や，「日本ゴルフツアー機構副会長」（一般社団法人日本ゴルフツアー機構，
online）等の重責も担っています。

　宮里藍選手は，三兄弟の中でもその活躍は顕著です。1999 年全国中学ゴルフ選手権優勝し，2000 年には全国大会 2 勝します。2001 年日本女子オープンでローアマを獲得するとともに，2001 年から 2 年連続で全国高校選手権を制覇しました。2002 年には日本代表としてアジア大会で金メダルを獲得します。2003 年ミヤギテレビ杯ダンロップ女子オープンでは並みいるプロを寄せ付けず，高校生アマチュアプレーヤーとして優勝という金字塔を打ち立てました。その後，日本女子アマ，日本ジュニア，日韓台アマなどの優勝を重ねながら，同年，高校生初のプロとなります。国内での活躍も数々ありますが，宮里藍選手の顕著たる活躍は海外にもおよびます。2010 年には米国ツアー 5 勝をし，トップ 10 に 4 度入る成績を収めました。一時は世界ランキング 1 位となった時期もありましたが，結局，2010 年は世界ランキング 4 位，賞金ランキング 6 位となり世界に宮里藍選手の名前が知れ渡ります。さらに，2011 年には，7 月のエビアンマスターズに優勝するなど，米国ツアー 1 勝トップ 10 に 5 度入る成績を収め，世界のトッププレーヤーとしての実績を確実に残していきました。宮里藍選手自身が最大の目標としている「プレーヤー・オブ・ザ・イヤー（年間最優秀選手賞）」を獲得することはできていませんが，宮里藍選手の特筆すべき点は，LPGA ツアープレーヤー同士が選出する「ウィリアム＆モージー・パウエル賞」を受賞している点です。「ウィリアム＆モージー・パウエル賞」とは，「その振る舞いと精神が女子プロの模範」と見なされた者に贈られる特別な賞であり，LPGA ツアーやそのプレーヤーたちから「世界一流プレーヤー」であると認められた者のみに与えられる賞であります。そのため，簡単に受賞できる賞ではないと言われています。プレーヤーとしての実力は当然ながら，プレー中における振る舞いやフェア精神など，人物的な評価が多くを占めている賞だからです。

　諸見里しのぶ選手は，名護市出身のプレーヤーです。2000 年日本ジュニア（中学の部）で優勝，2001 年全国中学選手権優勝とさらに，2002 年から 2 年連続で中国女子アマ連覇するなど，毎年のようにアマチュア大会を制しています。高校生になると 2004 年全校高校選手権で優勝を皮切りに，

2005年日本女子アマに優勝し，プロへ転向しました。プロ転向後，2006年，2007年，2008年と国内ツアーで1勝ずつ勝利し，3年間で3勝を挙げました。2009年には，国内ツアーで年間6回の優勝，トップ10入りが17回と一時は賞金女王も狙えるほどでした。しかし，同じく同年に好調であった横峯さくら選手が賞金女王に輝き，諸見里選手は残念ながら賞金女王の座に就くことができませんでした。

　比嘉真美子選手は，2009年全国規模の大会で優勝し脚光を浴びることになります。2010年から2011年の2年連続で，高校生として女子ジュニアでの日本代表に選ばれ，日韓台対抗ネイバーズトロフィーで個人優勝しました。2011年日本女子アマ選手権マッチプレーで優勝をし，現在はプロとして活躍しています。

　日本初のゴルフ場は，1903年に兵庫県六甲にオープンした「神戸ゴルフクラブ」でした。そう考えると，沖縄のゴルフは全国から大きく遅れを取った形で，戦後間もなくスタートしたと言ってよいでしょう。しかしながら，沖縄特有の環境や温暖な気候，豊かな人材により50年の短き間に飛躍な発展を遂げてきたのでした。今では，国内外から注目されるスポーツとなっています。とりわけ，沖縄のジュニアプレーヤーは，宮里藍選手を筆頭に続々と逸材が輩出されています。また，世界のトップの座を競い合う実力を兼ね備えたプレーヤーの宝庫でもあるのです。

　沖縄ではジュニア世代に対し，ユニークな形でゴルフに触れ合う機会を提供しています。その特徴は，学校授業や課外活動等でゴルフを活用していることです。小学生や低年齢層に対し，ゴルフに親しみながらゴルフが持つマナーやエチケットを身に付けさせるとともに，健全な発育と心の育成に役立てることを目的としています。学校教育にゴルフを取り入れる試みは，小学校・中学校・高校と広がりを見せており，学校の授業や課外活動，いわゆる部活動として展開され浸透していきました。2001年には学校におけるゴルフの導入がピークを迎えていたと言われ，当時，沖縄県教育委員会が調査した結果によると，「公立校で小学校4校, 中学校11校, 高校24校の合計39校」

（比嘉, 2012, p.170）が何らかの形でゴルフを学校教育へ導入していました。なかでも沖縄県立本部高等学校では，校内にゴルフレンジを設置し体育授業でゴルフが行われるほか，課外活動でもゴルフ部が創部され，外部講師（外部コーチ）による高レベルな指導が行われていました。その結果，比嘉真美子選手をはじめ，数多くの有力選手を輩出することとなります。また，「地元の本部町は，「ゴルフを通じて町の活性化」をスローガンに「ゴルフの町宣言」（2006年4月）をしており」（比嘉, 2012, p.170），ジュニアゴルファーにとって大変環境に恵まれていると言えます。さらに，沖縄県高校体育連盟ゴルフ競技部では，「ジュニア育成はまず指導者から」との考えから，学校教師などを対象に講習会等を開催し，「県高校ゴルフ指導者講習会」等が適宜行われています。

　先述したように，沖縄におけるジュニアプレーヤーを取り巻く環境は恵まれており，ゴルフコースやゴルフ練習場の開放がジュニアプレーヤーのレベルやマナーの向上，選手層や底辺拡大へとつながっていると考えられます。また，ジュニアプレーヤー育成に熱心で理解があるゴルフコースやゴルフ練習場が多く，特典を設けて場の提供をしています。数ヶ所のゴルフコースは，夕刻から無料でプレーができます。他にもジュニアプレーヤーへの無料開放のケースもあります。ゴルフ練習場は，ジュニアプレーヤーへの割引料金を

設けたり，学校授業や課外活動に練習場を提供するなど協力を惜しまない環境が整っています。ちなみに，本学にも人間健康学部スポーツ健康学科の専門科目および国際学群観光産業学系専門科目としてゴルフ授業を開講しています。前学期に開講する「ゴルフⅠ」は，ゴルフの初心者コースとして設定し，後学期に開講する「ゴルフⅡ」は，アドバンスコースとして展開しています。さらに「ゴルフⅡ」では，ショートコース9ホールをラウンドすることで授業が終了します。本授業では，大北ゴルフ練習場にて，宮里三兄弟の父親であり世界的トップティーチングプロである宮里優先生から教授していただいています。学生にとっては，類まれな貴重な体験であると考えられます。

■宮里優氏のゴルフ指導におけるバックボーン

　現在，日本の男子トッププロである宮里聖志選手（長男）と宮里優作選手（次男），世界で活躍する女子プロ宮里藍選手（長女）らは，いずれも沖縄県国頭郡東村で生まれ育ってきました。3名ともに日本ジュニア時代を席巻し，日本アマチュア界のトップの地位を経て，プロへの道へ進んだ経緯があります。その過程において，また，今現在においても大きな影響を与えた人物として挙げられるのが，三兄弟の父親でもありコーチでもある宮里優氏であります。世界を視野に入れ奮闘を続けるゴルフのトップファミリーの出現は，ゴルフファン以外にもその驚きに注目が集まったのは記憶に新しいことでしょう。三兄弟の活躍は，宮里優氏のレッスンプロとしてのコーチング力の高さが支えとなっています。宮里優氏のコーチング理論や練習方法を記した著書として「宮里流ゴルフ子育て法」（日経ビジネス文庫）など，数多くの著書や書籍が出版されています。そこでは，ゴルフの技術的理論や練習方法だけにとどまらず，人間形成や日常生活について言及されます。特に，常日頃の挨拶，マナー，努力の大切さ，生活のメリハリなど，人が生きていく上で大事なことをゴルフを通じて教え説いてあります。また，宮里藍選手には，「壁にぶち当たった時には慰めるのではなく，もう一度高い目標を設定した」（宮里，2004，p.78）ことなど，厳しい指導も必要との親であるから

こその見解も述べられています。このような教えが，世界で活躍する存在でありながら，ファンから愛され，プレーヤーからリスペクトされる三兄弟になったバックボーンであろうかと考えられます。この宮里優氏のバックボーンは宮里三兄弟にとどまらず，沖縄におけるゴルフ指導者およびゴルフ関係者へ受け継がれ良いスパイラルとなっています。

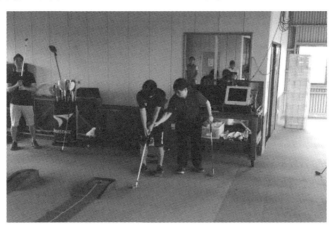

■やんばるにおけるゴルフ場建設の歴史

　日本復帰を間近かに控え，国土が日本と一体化しようとした1970年11月，「恩納村安富祖にチャンピオンコースの「大京カントリー倶楽部」がオープン」（比嘉，2012，p.105）します。マンション分譲を全国展開する「大京」（横山修二社長）が，ゴルフ場としては初の沖縄進出をしたのでした。この建設が，沖縄における「第一次ゴルフ場建設ラッシュ」（比嘉，2012，p.105）と建設ブームのきっかけとなったと言われています。「大京カントリー倶楽部」は，パー72，6276ヤードの本格的なコースで，大京オープンなどプロツアーの熱戦の舞台となりました。当時，沖縄ゴルフ協会の副理事長であった奥平候庄氏は，「我々の本格的なゴルフ場をつくろうとの思いで，大京カントリー倶楽部には当時ほとんどの協会役員が関わった」（比嘉，2012，p.105）と，期待の大きさを語っています。これまで「アワセ・メドゥズゴルフ場」，嘉手

納基地内の「パンヤンの木ゴルフコース」,「嘉手納弾薬庫内知花コース」,「プラザ・ウェッジ・ゴルフコース」など軍事基地施設として建設されていたゴルフ場に限られた時代でありましたが, ゴルフ場が民間施設としてつくられる時代へ移行していくのでした。

「1972 年 11 月, 恩納村冨着に「沖縄国際ゴルフ倶楽部」がオープン」(比嘉, 2012, p.105) します。大博多カントリークラブ, 松山国際カントリークラブ, 神有カントリークラブなど関連コースを持つ, 日本ゴルフ振興株式会社 (大西進社長) の経営でありました。27 ホール, パー 108, 10509 ヤードで, ハイビスカス, ブーゲンビリア, デイゴの 3 コースを所有しています。毎年 3 月には, オール日本アマチュア選手権を開催するなど, 各種の大会会場となっています。

1991 年には, 沖縄県以外の企業における沖縄県北部地域へのゴルフ場開発が 2 件行われました。2 月, 沖縄県海洋博公園や瀬底島を見下ろすシチュエーションにある, 本部町先本部の丘陵地帯に「ベルビーチゴルフクラブ」がオープンします。相武グループの沖縄本部カントリークラブ (高橋正明社長) の開発で, 18 ホール, パー 72, 6551 ヤードのチャンピオンコースであります。1992 年には, セゾングループの「ゴルフ西洋」(前川和也社長) の開発により, 今帰仁村呉我山に「嵐山ゴルフ倶楽部」がオープンしました。18 ホール, パー 72, 6930 ヤードのチャンピオンコースで, やんばる地域の中核コースとなっています。数年後, 資本が当初の「西洋ゴルフ」から, 外資である「プレミアゴルフ」に譲渡されます。しかし, 2002 年オリオンビールが経営権を買い取り, 名称を「オリオン嵐山ゴルフ倶楽部」とし現在に至っています。

1993 年 9 月, 沖縄サンビーチ開発 (白石武治社長) による開発により, 名護市安部の広大なビーチリゾートにホテル群と併設する形で, 「カヌチャゴルフコース」がオープンしました。18 ホール, パー 72, 7004 ヤードのチャンピオンコースです。

恩納村から名護市にいたるリゾート地の丘陵に広がるのが「ブセナリゾー

トカントリー」です。金秀グループが2001年，リゾート型ゴルフ場として
オープンさせました。沖縄でも後発に属しますが，プロトーナメントやアマ
チュアトーナメントなど日本メジャー大会を数多く開催しています。2006
年1月には「喜瀬カントリー」に名称変更しました。最後に，2004年12月，
宜野座村松田にパブリックコースの「宜野座カントリー」がオープンしまし
た。住宅メーカー，エス・バイ・エルの子会社，宜野座カントリークラブ（渡
辺士直社長）の経営によるものであります。

■やんばるに所在するゴルフ場およびゴルフ練習場

　沖縄県には19のゴルフコース（本コース）があり，そのうち8つのゴル
フ場がやんばる（北部十二市町村）に存在します。

●オリオン嵐山ゴルフ倶楽部

　丘陵　3420Y（OUT）　3510Y（IN）

　〒905-0413 国頭郡今帰仁村字呉我山654-32　TEL：0980-58-1910

●沖縄国際ゴルフ倶楽部

　丘陵　3501Y（ブーゲンビレア）　3234Y（ハイビスカス）　3419Y（デイゴ）

　〒904-0413 国頭郡恩納村字冨着1043　TEL：098-965-1100

●カヌチャリゾートカヌチャゴルフコース

　シーサイド　3527Y（OUT）　3419Y（IN）

　〒905-2263 名護市字安部156-2　TEL：0980-55-8882

●かねひで喜瀬カントリークラブ

　山岳　3367Y（オーシャンコース）　3437Y（ウッズコース）

　〒905-0026 名護市字喜瀬1107-1　TEL：0980-53-6100

●宜野座カントリークラブ

　丘陵　3170Y（OUT）　3388Y（IN）

　〒904-1301 国頭郡宜野座村字松田2824-264　TEL：098-983-2266

●ジ・アッタテラス　ゴルフリゾート

　丘陵　3555Y（OUT）　3370Y（IN）

〒 904-0402 国頭郡恩納村安富祖 1079　TEL：098-967-8554
●美らオーチャードゴルフ倶楽部
　シーサイド　3273Y（OUT）　3103Y（IN）
　〒 904-0402 国頭郡恩納村字安富祖 1577　TEL：098-967-8711
●ベルビーチゴルフクラブ
　丘陵　3209Y（OUT）　3342Y（IN）
　〒 905-0225 国頭郡本部町字崎本部 5151　TEL：0980-47-3111

　ショートコースは 24 コース存在し，そのうち 4 つのゴルフ場がやんばる
（北部十二市町村）に存在します。
●伊江島カントリークラブ
　9 H ／ 3019Y ／ P58
　〒 905-0502 国頭郡伊江村字東江前 3682-1　TEL：0980-50-6969
●本部グリーンパークゴルフクラブ
　18H ／ 2550Y ／ P57
　〒 905-0218 国頭郡本部町字古島 404　　TEL：0980-48-3333
●久志岳ゴルフガーデン
　18H ／スラッシュ 2814Y スラッシュ P58
　〒 905-2173 名護市字久志 930-1　TEL：0980-55-2339
●許田ゴルフクラブ
　18H ／ 3429Y ／ P63
　〒 905-0024 名護市許田 505-1　TEL：0980-54-3939

　やんばるに所在するゴルフ練習場。
●大北ゴルフ練習場
　〒 905-0019 名護市大北 4-8-29　TEL：0980-54-3000
●東海ゴルフ練習場
　〒 904-1202 国頭郡金武町字伊芸 1292-2　　TEL：098-968-3726

文献

宮里優（2004）宮里流 ゴルフ子育て法：学校一番、ゴルフ二番．日本経済新聞社．

沖縄県ゴルフ協会・沖縄県ゴルフ倶楽部協議会編（2012）世界へ挑戦：沖縄ゴルフ誕生
　　　と飛躍の歴史．沖縄県ゴルフ協会・沖縄県ゴルフ倶楽部協議会．

一般社団法人沖縄県ゴルフ協会 HP　　http://www.okinawakengolfasc.jp/

一般社団法人日本ゴルフツアー機構 HP　　http://www.jgto.org/pc/

公益社団法人日本ゴルフ協会 HP　　http://www.jga.or.jp/jga/html/link/

公益社団法人日本プロゴルフ協会 HP　　https://www.pga.or.jp/

やんばるにおける名桜大学の健康長寿サポート

高瀬 幸一　*Kohichi Takase*

沖縄県の健康問題の現状

　今や沖縄県は日本一の肥満県。そして，平均寿命の急落。世界に誇れる長寿県であったはずなのに……沖縄県は長年培ってきた健康・長寿という英知を今喪失しようとしています。2010 年の国民健康・栄養調査によると，沖縄県は全国で肥満率第 1 位という結果が出ました。

　男性に関してはなんと 45.2 ％もの人が肥満に相当（2 人に 1 人）する結果です。さらに，より深刻なのは，心臓病と脳血管疾患の増加です。2005 年と 2010 年の都道府県別データを比較すると，心臓病は男性が 3 位から 19 位へ転落し，脳血管疾患では男性が 3 位から 23 位へ，女性が 1 位から 5 位に転落する事態となりました。平均寿命も男女ともに長年トップクラスだったのにも関わらず 2000 年頃から大きく順位を下げ、今や男性は 30 位まで転落し，女性に関してもついに長年維持していた 1 位の座から 3 位へと転落しまう事態になりました（330 ショック）。沖縄の誇りの一つは，「健康・長寿」！　しかし，この言葉と現状との落差はいったいどういうことなのでしょうか？

　健康・長寿のためには，言うまでもなく生活環境や食生活が重要です。しかし沖縄県では戦後急速に欧米化が進み，県民の多くは殆ど意識する間もなく，昔ながらの伝統的な暮らし（文化）を忘れ，アメリカナイズされた生活スタイルへシフトしていくことになりました。米軍の軍用食料から供出されたポークランチョンミートやコンビーフハッシュなどの加工肉が大量に普及し，これまで沖縄の長寿を支えてきた要因の一つである，昔ながらの沖縄料

理を食べなくなったことなど，こういった欧米化された食文化が根付いたことが沖縄の食に大きな変化をもたらし，加速度的に健康・長寿が失われることに繋がっていったのです。70 代以上の高齢者には健康的な人が多い半面、40 ～ 60 代の死亡率は非常に高く，65 歳未満年調死亡率はワーストとなっています（厚生労働省，2014）。また，「沖縄県民は歩かない」といわれるほど，深刻な運動不足状態にあることも懸念する問題です。ジョギングは大好きだけど歩くのは大嫌い！　確かに全国的にみてもジョギング人口の多い沖縄県ですが，実は相対的にみると県民の殆どは，車が無いと生活が出来ないほど深刻な運動不足に陥っています。つまり，食生活の変化と車社会の加速化が肥満率を押し上げ，それが生活習慣病の疾患率を高める要因となっているのです。

　このような深刻な事態を危惧し，県は当時の知事である仲井真弘多知事を本部長とした「健康長寿おきなわ復活推進本部」を 2013 年 9 月に発足させ，平均寿命の都道府県順位を 2040 年に男女とも 1 位とする長期的な目標を設定しました。しかしながら，既に深刻化してしまっている現状をどのような施策をもって改善していくのか？　健康・長寿の復活に向けての道のりは極めて険しいものがあると謂わざるを得ないのも事実です。

「やんばる」を取り巻く現状

　沖縄県北部地域においては，沖縄県の中においても各自治体の財政状況や住民の健康状況は年々深刻な状況になってきています。北部 12 市町村の財政指数 (注釈1) も平均で 0.23（H24）（沖縄県の財政力指数番付，online）と極めて低い状態にあり，大部分を地方交付税交付金の支給に頼らざるを得ないといった極めて深刻な財基盤の状況となっています。このため，健全な自治体運営には如何にして社会保障費の軽減を図るかが重要な鍵であると言え

注釈 1：財政力指数とは，自治体の財政力を示す指標であり，基準となる収入額を支出額で割り算（÷）した数値です。財政指数が 1.0 であれば収支バランスがとれていることを示しています。

ます。

　健康問題に関しても，北部 12 市町村唯一の市である名護市においては，メタボリックシンドロームの該当者は県内 11 市で男性ワースト 3 位（32.5％），女性ワースト 1 位（15.4％）という極めて深刻な状況になっています（名護市，2014）。また，著者らが名護市の本庁区 15 区を対象に行った調査によれば，80％の区が健康増進活動を行っているが，その活動は単発的なものばかりで，健康の増進とは無関係という結果や，93％の区において実際に外部からの支援が必要といった現状を答えています。さらには沖縄県最北端にある離島の伊平屋村では，20 歳時から体重が 10kg 以上増加した人の割合が 66.7％（県平均 33％）にも及び，県平均と比較しても深刻な現状にあることが伺えられます（健康おきなわ 21，online）。一方では，若者の流出による高齢化や過疎化の急速な伸展もコミュニティの活性化を妨げる要因となり，北部 12 市町村はコミュニティの活性化のためにも地域一体参画型の健康・スポーツ支援イベントや地域活性化事業の施策の立案・実施が急務となっている状況にあります。さらに，北部地域独自の問題として，専門的な人材の確保の問題や支援体制の問題，さらには講師の派遣など様々な問題があげられます。特に沖縄北部にある伊是名村や伊平屋村などは，沖縄本島から訪れる場合は必ず宿泊をする必要があり，定期的及び継続的な支援を受けづらい等の問題などを抱えている状況にあります。

　このような現状の中，北部 12 市町村の活性化には大学の資源を効果的かつ有効的に活用していくことが重要となってきます。北部 12 市町村には名桜大学があり人間健康学部を中心に健康問題の解決や地域コミュニテイの活性化に対する取り組みが求められるところです。

名桜大学健康・長寿サポートセンターを中心とした取り組み

　厚生労働省が平成 24 年 7 月に示した指針（厚生労働省，2012）によると，各自治体において地域に根ざした信頼や社会規範，ネットワークといった社会関係資本等（ソーシャルキャピタル：Putnam，1993）を醸成し，社会参

画型の地域のボランティア等の活動を積極的に展開することは，住民の多様なニーズにきめ細かく対応するために重要であると述べています。当然，健康づくりにおいても，このソーシャルキャピタルとの関連性は高いと言えます。このようなことも勘案し，沖縄県北部12市町村が現在抱えている問題とその要因を解決するためのソーシャルキャピタルの醸成を目指した新しい施策を早急に立案していくことが求められているのです。実際に実現できる施策を如何にして立案し現実的なものへとしていくのか？　それには，「地域・風土」「インフラ」「健康の状態」，この3つの要素に，歴史・家族構成・少子化・年齢比・産業などを考慮し，北部12市町村に適した実現可能な健康増進プランを打ち立てていくことが求められます。そのような背景の中，平成24年12月21日に名桜大学に名桜大学健康・長寿サポートセンターを設立しました。健康・長寿サポートセンターは，「健康・長寿県沖縄」の復権をミッションとし，地域住民の方々に向けて科学的根拠に基づいた健康・運動支援活動を行う目的で設立された組織です。2013年9月に沖縄県が掲げた，2040年までに男女ともに平均寿命1位を取り戻すという目標に対して，沖縄県に適した実現可能な健康プランを打ち立て，「健康問題を改善する」＋「地域の人と人がつながる」というプロジェクトを展開することを目指し

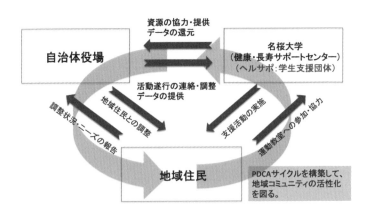

図1　活動を成功に導く大学・自治体・地域住民との協働体制

ています。現在は，北部12市町村において健康運動指導，健康講話，健康相談，簡易健診などの様々な活動を自治体と協働で地域住民に対して実施しています（図1）。更なる特徴は，健康・長寿サポートセンターの傘下に「ヘルスサポート：ヘルサポ」という学生支援団体を組織化し，学生がセンターの指示のもと主体的に地域において精力的に特出した健康支援活動を行なっているところにあります（図2）。「ヘルサポ」は，人間健康学部のスポーツ健康学科と看護学科の学生約80名で構成され，リーダシップに長けているスポーツ健康学科と親和性に溢れる看護学科の異なる領域の強みを活かしたユニークな活動を行う，日本でも唯一の学生が主体的に健康支援を実施する学生支援団体です。特に株式会社エクシングと産学連携により「JOYBEAT」という3DCGコンテンツを用いた学生による地域を対象とした支援活動は，全国的に見ても注目すべきものでものです。健康・長寿サポートセンターは，「大学－自治体－企業と連携」し「ヘルサポ」の学生と共に沖縄県の健康・長寿復活に向けた，地域一体参画型の新しい取り組み（健康増進プラン）を立案・展開し，地域におけるソーシャルキャピタルの醸成を図っていくとい

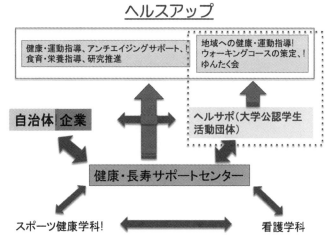

図2　健康・長寿サポートセンターの活動推進ネットワーク

う新しい取り組みを行っているところが最大の特徴となります（図3）。

図3　住民の健康保持増進・地域コミュニティ活性化のために

3DCG を活用した新しい型の健康支援

　健康・長寿サポートセンターでは,「踊る！　話す！　盛りあげる！」をテーマとした JOYBEAT プログラムの導入し健康支援を積極的に展開しています。JOYBEAT プログラムは，若年者から高齢者に至までの幅広い年齢層（世代）に対応した，3DCG コンテンツを利用した新しいスタイルの運動プログラムです（図4）。我が国は，超高齢化社会による医療費の課題や生活習慣病対

JOYBEATプログラムから抜粋

図4　JOYBEAT プログラムの一例

策の問題などで健康を維持増進していくことが大きな課題として取り上げられています。しかしながら，先進諸国の中では国民のフィットネスクラブの参加率も 3.1％（アメリカ：15％）と最も低い状況など，運動が健康に良いと誰しもが知ってはいるが，なかなか習慣化に至っていないのが現状です。運動のスタイルには様々な形がありますが，楽しく気軽に参加できる環境作りが大切になってきます。JOYBEAT プログラムは，運動の必要性を感じているあらゆる人に対し効果的にエクササイズの機会を提供でき，運動が不慣れな方でも気軽に楽しく参加できるプログラムです。まさに，「踊る！　話す！　盛りあげる！」がそこに生まれます。実に，JOYBEAT プログラムは，「エアロビクス，癒しのヨーガ，ストレッチ，太極拳，脳トレ運動，ステップエクササイズ，椅子に座ってたのしむ歌謡エクササイズ，リズム系ダンス，シェイププログラム」など，様々な運動プログラムを特別なインストラクターを要さなくても実現することが可能になります。これによって，ヘルサポの学

図5　B村でのプログラム

図6　離島Bにけるプログラム

生が積極的に学外においてプログラムを運営・展開することで北部地域への継続的な運動活動支援が可能となります（図5，6）。さらに，学内にも学生・教職員・地域住民が気軽に運動していただくために，JOYBEATルームをオープンしています。※プログラムスケジュールは，毎月本学HP参照のこと

持続可能な複合型健康支援の効果

　さらにヘルサポの活動の最大の特徴として，持続可能な複合型健康支援を実施しているところにあります。複合型健康支援とは，① JOYBEATを使用したエクササイズに加え，②健康の現状を把握する取り組みとして，身体組成（体脂肪率，骨格筋量，むくみなど），血管年齢，骨強度，ヘモグロビン値などの健康測定，③それらを個人ノートに記録し結果の見える化の実施，そして④健康などの話題について「ゆんたく」を一度に実施するという4つのマルチな健康支援を実施しているところにあります。これよって，世代を超えた地域住民のつながりがより深まる。毎日の運動の場！憩いの場！ができる。一人ひとりの健康への関心や意識の向上が図れる。運動の習慣化によるヘルスアップが図れる。といった効果が期待できるのです（図7）。特に

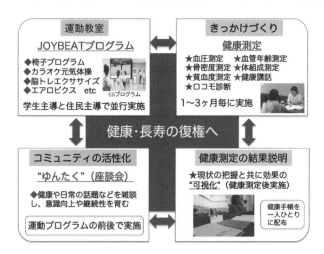

図7　地域のソーシャルキャピタルの向上を図る名桜大学複合型健康支援

名護市立中央図書館で実施している活動は，毎月北部12市町村から50名以上もの住民の参加があります。図書館で健康運動と健康測定といったユニークでイノベーションな活動は，全国的に見てもヘルサポのみの取り組みといっても過言ではないと思います。まさに，オンリーワンとして全国でも注目です。

健康寿命をのばそう！　スマートライフプロジェクト

　スマートライフプロジェクトは，「健康寿命をのばしましょう」をスローガンに，国民全体が人生の最後まで元気に健康で楽しく毎日が送れることを目標とした厚生労働省の国民運動です。運動，食生活，禁煙の3分野を中心に，具体的なアクションの呼びかけを行っています。平成26年度からは，これらのアクションの他，健診・検診の受診を新たなテーマに加え，更なる健康寿命の延伸を，プロジェクトに参画する企業・団体・自治体と協力・連携しながら推進しています。健康・長寿サポートセンターは，ヘルサポと協働で実施する北部12市町村における健康支援活動を，スマートライフプロジェクトの活動の一環として参画しています。

　平成26年，スマートライフプロジェクトにおいて，健康・長寿サポートセンターが実施した"てるしの"の輝き！　名桜大学「健康・長寿プロジェクト」－離島地域の活性化を目指す自治体・大学参画型の健康支援とは－と題して伊平屋村において取り組んだプロジェクトが表彰されました。ここでは，厚生労働省における「健康寿命をのばそう！スマートライフプロジェクト」の賞の受賞となった伊平屋村における取り組みについての概要を説明します。

　現在，健康・長寿サポートセンターでは，伊平屋村において自治体と地域そして大学参画型のユニークな健康支援活動を展開しています。中でも，ヘルサポの学生が主体となり活動する名桜複合型の最先端の健康支援活動は，沖縄県最北端の伊平屋村に大きなウェーブを起こす基点となりました。離島地域におけるハイリスクポピュレーションの増加，更には深刻的な高齢化や

過疎化などの問題の解決に対して，このような大学の資源を活用した貢献は必要不可欠な要素であるといえます。実際のプロジェクトは２つの取り組みから成り立っています。①「踊る！話す！盛りあがる！」をテーマとしたJOYBEAT（最先端の3DCGプログラム）を５つの区の公民館に配置し，「学生が主体」となり若年者から高齢者に至までの幅広い年齢層（世代）に対応したエクササイズを「ゆんたく」を取り入れながら提供する取り組みです。これにより，従来の概念を一気に打ち破った画期的な運動支援とコミュニティの活性化を図ることを目的としています。②美しい海と自然豊かな山がある伊平屋村の５つの区にウォーキングコースを策定する取り組みです。区民の主体的活動を図ると共に"てるしの"ウォークイベント（全村民対象）を開催し，コミュニティの活性化を図ることを目的としています（図8）。このような活動を通し，コミュニティの活性化を図りながら，最終的には特定健診受診者率の向上，特定保健指導対象者率を軽減させ，伊平屋村のソーシャルキャピタルの醸成に繋げることを目指しています。伊平屋村でのプロジェクトは，平成26年6月からスタートし，伊平屋村との協働の下で永続

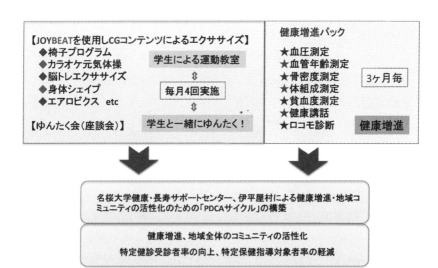

図8　伊平屋村における活動の概要

的に取り組んでいく予定になっています。本活動が遂行できるのも，ヘルサポの学生が主体的に活動してくれるからこそ成り立つ取り組みです。全国的にも学生組織が中心となり，各自治体と協働で健康問題の解決に取り組む組織は稀少であり、且つ看護系とスポーツ系の学生がタッグを組み，それぞれの素養を活かしながら行なうヘルサポの組織活動は，まさに国内オンリーワンであると胸を張れるものであります。

　健康・長寿サポートセンターの健康支援活動が，この「やんばる」の地において，人と人のつながりを育み，健康増進ならびに地域コミュニテイの活性化に寄与していくことを永続的な課題として，「やんばる」の発展のために末長く活動できることを祈念して本章の終わりにしたいと思います。

文献

沖縄県の財政力指数番付（online）－都道府県・市区町村ランキング－. http://area-info. jpn. org/KS02002All. html,（参照日平成 2016 年 1 月 6 日）

「健康おきなわ21」健康づくりのための県の刊行物報告書（online）. http://www. kenko-okinawa21. jp/090-docs/2016032900025/（参照日平成 2016 年 1 月 6 日）

人口動態統計（2014），厚生労働省

名護市（2014），第 2 次健康なご 21 プラン，長寿のバトン次世代へ

平成 24 年 7 月 31 日付健発 0731 第 8 号厚生労働省健康局長通知「地域保健対策の推進に関する基本的な指針の一部改正について」

Putnam RD, Leonardi R, Nanetti R（1993）Making democracy work : Civic tradition in modern Italy. Princceton University Press.

編者・執筆者紹介

奥本　正　　おくもと・ただし
名桜大学　人間健康学部スポーツ健康学科・教授

[学歴] 筑波大学大学院体育科学研究科修了（1998）

[編著書・論文]『運動生理学 20 講第 3 版』（朝倉書店，2015），
『健康とスポーツの生理科学』（ふくろう出版，2005），
Randomized, double-blind, placebo-controlled, crossover
study to evaluate the effects of beta-1,3/1,6 glucan on stress associated with daily
lifestyle in healthy subjects. (Functional Foods in Health and Disease 5 : 145-154,
2016)

[社会的活動] 全国都道府県対抗女子駅伝沖縄県代表チームコーチ

大峰　光博　　おおみね・みつはる
名桜大学　人間健康学部　スポーツ健康学科・准教授

[学歴] 早稲田大学大学院スポーツ科学研究科博士後期課程修了
（2014）

[編著書・論文]『野球における暴力の倫理学』（晃洋書房，2016），「運
動部活動における生徒の体罰受容の問題性：エーリッヒ・フロ
ムの権威論を手掛かりとして」（体育学研究第 61 巻 2 号，2016），「サッカーの試合
におけるトラッシュトークの倫理」（体育学研究第 60 巻 2 号，2015 年）

[受賞] 日本体育学会浅田学術奨励賞（2016），日本体育・スポーツ哲学会奨励賞（2014），
日本スポーツ教育学会奨励賞（2012）

小賦　肇　　おぶ・はじめ
名桜大学　人間健康学部　スポーツ健康学科・上級准教授

[学歴] 福岡大学体育学部体育学研究科修士課程修了（1995）

[編著書・論文]「背面跳における一流選手の事例的研究（名桜大学
紀要第 14 号，2009），「沖縄県の自立を担うスポーツ事業－ス
ポーツビジネスにおける地域振興－」（名桜大学紀要第 15 号，

2009),「世界トップスプリンターは、地面をけらずに走っている !?」(名桜叢書第一集『ものごとを多面的にみる』, 2014),『トレーニング講座(走幅跳)』第1回〜第6回(講談社、2002 〜 2003),『一流走幅跳選手連続写真解説』(講談社, 2001)

平野 貴也　ひらの・たかや

名桜大学　人間健康学部　スポーツ健康学科・教授

[学歴] 鹿屋体育大学大学院体育学研究科修了(1993),修士(体育学),順天堂大学大学院スポーツ健康科学研究科博士後期課程スポーツ社会学領域単位取得退学

[編著書・論文]『日本スタンドアップパドルボード協会公認アドバンスインストラクターテキスト』(日本スタンドアップパドルボード協会, 2015),『生涯スポーツ実践論 改訂3版』(市村出版, 2012)『野外教育入門シリーズ第3巻 水辺の野外教育』(杏林書院, 2012),「スタンドアップパドルボード(SUP)愛好者の実状と普及のための課題」(日本海洋人間学会 第4巻第1号, 2015年)

[受賞] 日本体育協会公認セーリング上級コーチ　マスター称号(2013〜)

山本 健司　やまもと・けんじ

名桜大学　人間健康学部　スポーツ健康学科・准教授

[学歴] 琉球大学保健学研究科修士課程修了(1988)、修士(保健学)

[編著書・論文]「臨床心理で扱う社会不安障害」(現代のエスプリ特集「社会不安障害」, 至文堂, 2007),「DAT(イルカ介在療法)について(3)」(沖縄心理学研究第32号, 2009)

石橋 千征　いしばし・ゆきまさ

名桜大学　人間健康学部　スポーツ健康学科・准教授

[学歴] 慶應義塾大学大学院政策・メディア研究科後期博士課程単位取得退学

[編著書・論文]「Visual search and action while rebounding the basketball」(Journal of Sport & Exercise Psychology, 2016),「バスケットボール戦術下でのリバウンド行為中における熟練者の視覚探索活動」(スポーツ産業学研究, 2013),「Eye-Head coordination while rebounding the basketball under 3-on-3 situations」（Journal of Sport & Exercise Psychology, 2012）

遠矢　英憲　　とおや・ひでのり
名桜大学　人間健康学部　スポーツ健康学科・上級准教授

［学歴］筑波大学大学院体育研究科修士課程コーチ学専攻修了（2002）

［編著書・論文］『スノーケリング指導者教本』（日本スノーケリング
協会，2006），「スノーケリングを利用した大学水泳授業の泳力
向上効果について～初回泳力および授業回数の観点から～」（運
動休閒與餐旅管理國際學術研討會論文集，2014），「スノーケリングを利用した小学
校低学年・中学年向け水泳プログラムの開発～泳力および泳法技術向上からの効果
検証～」（運動休閒與餐旅管理國際學術研討會論文集，2016）など

［受賞］公益財団法人日本体育協会公認スクーバ・ダイビング上級指導員　マスター称号
（2015 ～）

田原　亮二　　たはら・りょうじ
名桜大学　人間健康学部　スポーツ健康学科・教授

［学歴］東京学芸大学大学院 連合学校教育学研究科 健康・スポーツ
系教育講座博士課程単位取得満期退学（2010），博士（教育学）

［編著書・論文］『名桜大学教職入門書～教職を拓く～』（共著，編集
工房 東洋企画，2014），「WiMAS を用いた連続ジャンプの計測
とフィールドテストへの利用」（スポーツ産業学研究第 20 巻第 1 号，2010），「歩
数計によるセルフモニタリングを利用した大学体育授業における身体活動量の変化
について」（体育・スポーツ教育研究第 9 巻第 1 号，2009）など

高瀬　幸一　　たかせ・こういち
名桜大学　人間健康学部　スポーツ健康学科・教授

［学歴］福岡大学大学院スポーツ健康科学研究科スポーツ健康科学専
攻（博士課程後期）単位取得

［編著書・論文］「伸張される筋の特性と役割」（体育の科学第 50 巻
第 6 号，2000），「てるしの "の輝き！名桜大学「健康・長寿プ
ロジェクト」」（大学体育 105 号，2015）

［受賞］九州体育・スポーツ学会平成 18 年度優秀論文賞「女性中高年者における筋出力
　　動態の特性」

やんばるとスポーツ 名桜大学やんばる
ブックレット・2

2017年6月13日　初版第1刷発行

編　者　奥本正・大峰光博
発行所　名桜大学
発売元　沖縄タイムス社
印刷所　光文堂コミュニケーションズ

『やんばるブックレット』シリーズ刊行に際して

グローバリゼーションと呼ばれる現象は、人々の想像や想定をはるかに超える速さと広がりの中で私たちの生活を変えてきています。「やんばる」でも、グローバル化の波が足元まで押し寄せ、社会や歴史や文化を新たな視点から見直し、二十一世紀の新しい生き方を考えざるを得なくなってきました。名桜大学『やんばるブックレット』シリーズ刊行の背景には、このような時代の変容が横たわっています。

二十一世紀の沖縄はどこに向かうのか。どのような新しい生き方が私たちを待っているのか。沖縄北部を斬新な切り口から見つめ直すことで、沖縄や日本全体の未来が見えてこないか――。本ブックレットシリーズには人間の生き方を根源から問い直してみようという思いも込められています。

なによりも、新しい時代にふさわしい「やんばる像」（＝自己像）を発見し、構築しようという思いから本シリーズは刊行されることになりました。Edge ＝「辺境」ではなく、cutting edge ＝「最先端」、「切っ先」としての「やんばる」を想像／創造してみたいと思います。名桜大学のブックレットシリーズが新たな未来と希望につながることを願っています。

二〇一六年　名桜大学学長　山里勝己